從「心」教學

行動研究與教師專業成長

陳佩正　著

謹以這本書獻給我所有的學生：過去的、現在的、未來的、潛在的和無緣的。

　　對於那些認真投入學習的學生，你們的投入讓我必須重新考慮教育的大問題，也讓我想到師院課程必須先解構、再建構。

　　對於上課不想聽課的學生，甚至不來上課的學生，雖然你們讓我吃了不少止痛藥，但也刺激我再次思考教案的修正，以便能夠吸引更多的你們享受學習的快樂。

　　最後也要向這本書中提到的寶嵐（假名）說：「對不起，你的手好了嗎？」還有對於玉琦，我要說：「對不起，老師的無心之過，傷了你的心，請你原諒我。」

　　（本書所提學生是用假名，以保護學生。）

作者簡介

　　作者陳佩正，台大化工畢業，陸戰隊預官退伍後到新竹食品工業研究所工作，在那邊認識太太；然後結伴前往美國繼續深造。先在美國麻州大學安城分校（Amherst）攻讀食品工程碩士班，再「萬般無奈」地轉到教育學院攻讀環境教育博士。學成回國之後就到國立台北師範學院教書，擔任該校環境教育中心主任六年後，於千禧年之前請辭行政工作。興趣是閱讀雜書以及和學生分享人生經驗，對於引導學童探索大自然時所需的技巧、臨床視導、課程統整等等更有興趣。

作者序

早期的生物實驗工作就是豌豆的實驗

實驗者將豌豆依照實驗的需求做不同的交配

得到的實驗結果就是著名的遺傳學說來源

同樣的，醫學的實驗也差不多

為了找到世紀病毒的解藥

科學家將世紀病毒，愛滋病的病毒，注入小白鼠的身體

然後再用可能的解藥方式實際用在小白鼠身上

科學家正希望這樣的方式能夠協助人類脫離愛滋病的陰影

這是科學家引以為傲的科學精神：**客觀**

他們的共同點就是對研究對象不能有感情

否則可能會不夠客觀

如果將這樣的研究精神轉移到教育工作

就是一群群的實驗小白鼠犧牲他們的受教權益

不幸的是，教育幾乎沒有通則可以採用

該是我們有一套完整的教育研究法的時刻了

這個研究法就是行動研究

不為發表而寫

而是為了學生的學習權益作紀錄

更是為了自己的教學專業成長作紀錄

這本書就是我的紀錄工作

　　擔任教職以來，一直有種奇怪的感受，就是學術研究似乎是高等教育的專利，但是它對一般大眾而言卻是絕緣體。不知道這是教育讓民眾認為學習只可能在學校的四面牆內發生，或是高等教育的教授、學者專家孤芳自賞，寫了學術性文章卻無法對社會大眾有具體的正面影響（負面影響倒是不少，國內許多優秀的學子被教育部主管的學校排擠到法務部主管的少年監獄去），頂多只是透過政策的參謀達到這個目標。但是相對於學術性文章，許多流行歌曲，或是一些學術界瞧不起的書籍卻對整個社會有很大的影響。曾慧佳（民87）就指出流行音樂確實反映當代社會一般民眾的想法，出版界更出現一些偶像人物的隨筆（就是那些「沒學術價值的書籍」），在極短時間內成為暢銷書。顯然，如果說高等教育需要回饋社會的話，學者專家就必須跳出象牙塔，寫一些通俗化的學術性文章。

　　針對這樣的論點，我在這一本書當中嘗試將一些學術性的內容藏到通俗文字中（當然我的文筆沒有專業寫作人員那麼犀利，或許這也要怪我高中的國文老師曾經當著全班同學的面說我的文章是全世界最爛的，讓我有一種「癱瘓性」或「麻痺性」的求學經驗）。這本書中採用行動研究中的三角檢核，是學術界要求的嚴謹研究方法。但仍有許多學者不認同行動研究，他們認為統計研究才是嚴謹的研究法。行動研究所採用的三角檢核其實就像是由一位裁判在兩個對打的選手當中作仲裁，或者可以說三個檢核的項目互相補足任何一方的不足。這也和任何一件刑事案件的檢查一樣，需要綜合許多方面的證據才能夠確定兇嫌的罪行。所以可以這麼說，三角檢核是一個基

本的需求，如果有更多（或稱為「多角檢核」）的項目證明一件事情的發生，行動研究就會更具說服力。

行動研究也是目前教育改革呼聲當中所強調「教師即研究者」的共同體。歐用生（民88）在九年一貫課程系列研討會中指出，每一位教師都是研究者，每一間教室都是課程實驗室，每一所學校都是課程改革中心，教育改革的理念要能夠落實就必須依賴行動研究的推動。**行動研究和傳統的實驗研究不同之處，在於它不是要建立一套學理，而是要解決研究者的困擾；它也不是要對實驗對象做對比研究的。**可以這麼說，行動研究是教師在改善自己的教學時，透過反省思考的方式讓自己在專業領域上有更多的成長空間，最終目的則是讓學生的學習更有效率。因為這些特性，所以行動研究就是希望能夠解決第一線教師在教學時的困擾。為了能夠讓行動研究具有說服力，三角檢核是研究過程當中非常強調的工具。三角檢核就是由至少三個不同的角度檢視教學是否改善的工具，例如一般的做法是由教師本人、學生訪談，以及另一位同事的檢核當作三角檢核的工具。最近閱讀《7 Brains：怎樣擁有達文西的七種天才》，才發現達文西就經常由三個角度觀察事物，或許那時他就已經開始考慮行動研究對於探究科學的未知特色有相當功能了吧！不過對於國中小教師而言，能夠跨越第一步去嘗試做行動研究，已經相當難得，卻常常因為研究過程不夠完整而遭受學者批評為不夠嚴謹。這樣的批評最後就讓老師寧可退回原點，繼續用他們最擅長的模式教學。

環顧國內外的行動研究報導，並不缺少嚴謹的學術性書

籍、論文。但是卻鮮少有國中小教師願意跨出第一步去嘗試行動研究。追究原因，很可能是國中小教師沒有看過同儕示範行動研究如何影響教師的專業成長。為了能夠協助老師跨出這一步，我才決定要寫這樣的專書。書中使用第一人稱的「我」，而不是一般實驗研究報告的「研究者」或是「筆者」，就是希望這樣的專書能夠讓老師感受到一種有力感，進而嘗試跨出第一步做行動研究。這種撰寫方式也是受到耶魯大學的史坦堡（Sternberg）教授《不同凡想》（Sternberg, 1999）及《活用智慧》（Sternberg, 1996）兩本書的影響，是一種比較符合行動研究的呈現方式。

　　利用行動研究呈現，而不是用別人期盼我的統計研究，或是訪談方式的研究是有原因的。在回國之後我也執行了國科會和教育部、農委會、經濟部等政府機構，甚至像是民間機構委託的研究計畫。這些研究計畫在屬性方面也由統計分析類的問卷調查研究，到詮釋性的訪談類研究。但是在完成這些研究計畫之後卻鮮少讓我自己有成就感，有的只是讓我感到又少了一個負擔而已。我不禁問我自己，執行這些研究計畫到底是為了什麼？名望嗎？利益嗎？這些好像都不是我想追求的。特別是在訪談了一些環保團體的朋友之後，看到他們對於環境保護的堅持已經內化到日常生活的層面了。這些人在物慾充斥的社會上能夠為了讓社會更好而主動降低他們的物慾，甚至主動降薪到另一團體工作。顯然這些關懷社會的人有值得我學習的面向。

　　經過一段時間的掙扎，我知道剛回國時想要早上教書、下

午教有氧舞蹈、晚上教蛋糕製作的夢想已經和我越離越遠了。那麼我到底想要追求什麼呢？當我自己的兒女面對學校的學習產生厭倦的時候，我逐漸有一種盼望，盼望我們的兒女都能夠有權決定自己的學習，至少我能夠見到他們享受到學習的快樂。這也是受到夏山學校、瑟谷學校、緒川小學和國內種籽學院等相關書籍的影響吧！我個人的求學過程甚少聽老師的講解，有的只是自己閱讀課本內容而已。我開始懷疑老師是不是限制學生學習的行業，或是謾罵學生讓學生對學習產生困擾的行業？

再回想我剛回國時，我當時只覺得師院的化學似乎是為師院學生進入研究所做準備，特別是那些想要進入一般大學研究所的極少數學生做準備，卻忽略了絕大多數學生當國小教師的準備。所以回國之後就開始收集一些可以讓師院學生產生興趣，或是可以消除原本對於化學有極度恐懼的學生所有的恐懼感的教案。這樣的收集工作讓我赫然發現越是基礎的教育工作，越缺乏資料。反而是那些高深的化學知識可以很容易在圖書館找到資料。所以這段資料收集階段對我而言，確實是一個很大的挑戰。等我收集到足夠填滿教學時數的教案之後，又開始覺得這樣的教學生涯沒長進，所以進入一段沉潛、消化階段。在這一階段，我分析這些資料對於國小學童的影響，增減一些教案之後，必須再收集新的資料才能夠讓我的教學活潑生動。漸漸的我進入了一個創新階段。我開始領導一群有志於教育改革的學生創新教案、修改教案。

可惜我是一個不容易滿足於現況的人，所以在創新教案一段時間之後，又開始思考可能的新發展。正好在這一時刻，有

一個難得的機會和一些國小校長有更多接觸。這讓我開始思考國小師資培訓課程的安排是否恰當的問題。很明顯的，經歷這些年來，提升國小師資學歷卻反而讓師院畢業生越來越不專業。一些和教育幾乎無關的書籍正好給我許多不同的觀點。缺少立即回饋系統的建立，和缺少一套教學技能的建構模式是我當時對於這一現象的詮釋，所以我才和幾位願意冒險的國小校長提出讓師院大一學生到校實習幾節課的構想。在此我必須向板橋國小、大安國小和重陽國小致謝。沒有他們的配合，我的想法無法進行，當然就見不到這一措施對於教育改革的可能影響。

　　我就是希望透過這本書和大家分享在教育改革的過程當中，一位教師可以採行的措施有哪些？嘗試改革的路程絕對不會是平坦的，遇到崎嶇不平的路時，老師又要如何因應才不會犧牲學生的學習權益？一位擁有博士學位的教授還會有這些崎嶇不平的嘗試過程，國小老師呢？是不是可以透過類似讀書會的建立，讓更多有志於教育改革的老師也有機會將他們的嘗試過程寫下來，透過反省思考、分享，讓老師有更多的專業成長空間？這也是我寫這本書的目的。否則將自己的內心話這樣赤裸裸地讓別人檢視，還真是一件很痛苦的事情。

　　最後，我要感謝一路陪我走來的幾位同學，百力、ZR、女人、佳昇等等。沒有這些同學的認真嘗試，我的理念就會泡湯，也沒有機會驗證我對於教學技能建構的論點了。

陳佩正

於二〇〇〇年三月四日

目　錄

千里尋它：
我在師院找尋「有意
義的研究計畫」過程

千里尋它

我還清晰記得要回國之前的混亂,回國後的慌亂、迷思,一段時間的沉澱和隨之而來的各種感受,以及去年參與的各項研討會給我的靈感。這些經歷都足夠讓我成長,但是卻在回國多年之後才正式提筆寫文章,真是千里尋它啊!

回國之前,太太和小孩(當時只有幼齡的小犬)已經先回國了。太太還在我目前服務的學校擔任教職,所以不少人認為我能夠在高學位代表高失業率的時刻擠到這所位於台北市區的師範學院擔任教職是靠著太太的關係,我也不想去澄清。我的博士論文口試時間也因為這所學校要求我必須在某日之前返國而和指導教授談判很長的時間。等一切敲定了時間,口試委員人選也選定後,才發現自己能夠運用來準備口試的時間已經所剩無幾了。結果當然可想而知,口試當日幾乎連口試委員在問我什麼問題都需要不斷要求他們重複一、兩次才能夠回答。幸好我的研究是在探討我就讀學校那一州的國小教師對於環境教育的各項需求,從研究計畫開始到資料分析都非常嚴謹,也經常向指導教授報告進度,所以雖然我自己對於論文口試時的表現不甚滿意,口試委員也都體諒我的準備工作嚴謹和臨場的緊張,而讓我過了口試這一關,真是謝天謝地。其實我當時除了要感謝指導論文的口試委員之外,更要感謝一位在美國農業部 Agriculture in the Classroom(一種試圖將農業工作推廣到國小

教室的全國性計畫）服務的朋友大力協助我這樣的外籍人士各項問卷的郵資、影印、郵袋，沒有這些服務，就沒有今日的我。

　　口試完畢才發現，其實口試還不是最討厭的一關，困難的是負責論文規格審查的部門，他們是拿著尺規一頁頁地量著規格。在當時個人電腦還未完全普及之前，還真是傷腦筋呢！白天忙著處理論文的善後事項，晚上則是忙著和指導教授、學校的朋友道別。我生平第一次拿到指導教授給我的一瓶白酒，當然就把它給喝掉了。我還差點忘了另外一件事情，那就是處理家當。一方面要將陪了我們好幾年的破車給賣掉（幸好一位印度學生衝著低廉價格買走），另一方面則要將能夠使用的書籍、家當打包，送到郵局寄回台灣。幾天下來根本沒時間想到回國後的教學工作呢！這就是回國之前的混亂。等到回國幾年之後，才發現由於網際網路的快速發展，許多當年辛苦找到的書籍、資料，已經失去它們的功能。我也是在那樣的情境下開始學習網際網路的。

　　開始思考回國後的教學工作是在飛回台灣的上空。太太告訴我任教的科目和時間，差一點是下了飛機的第二天就要到學校上課去，所以我不斷在腦海中思索著教學的對象和可能的教案。記得以前還在台大當學生的時候最喜歡那種剛回國的年輕教授，他們充滿著各種新的觀念和教學。我難道可以將他們辛苦建立起來的信譽毀壞嗎？絕對不能，但是我有能力作得到嗎？當時相當懷疑自己的能力。

　　等回到家看了熟睡的孩子，也確定第二天還沒有正式的課

程時，才安心去睡大頭覺。第二天我被告知因為我回來的時間晚了幾天，所以由原先的正式教職改為兼任的教職，授課鐘點也由原先的九小時改為三小時。這時候我才知道我一個月能夠領到的薪水遠比一個學士還要低好幾倍。但是我能怪誰呢？不早一點回國才會這樣啊！那時為了要省下十塊錢的車錢，還經常走路當交通工具呢；那也是回國後最健康的一段時間，算是有失必有得吧！

還沒談我第一次上課的糗事。唉！一言難盡。雖然有課本，但卻是我生平第一次上台講課，所以非常緊張，真不知道那一班的學生有沒有感受到我的緊張？那個學期期末也是我到目前為止給學生的唯一一次考試，當然是相當傳統的題目。那就是我回國後的處女秀！

回國後，當時的系主任是熊博士，她也帶我到國小自然科編輯委員那邊參與自然科實驗課本的編輯。比我早幾個月回國的梁博士也介紹我到農委會那邊執行一個小計畫，但也是我回國後的第一個研究計畫，題目是「國小學童對於野生動物保育的概念研究」。研究工具是分析農委會委託國語日報辦理徵文比賽的參賽文章中，學童對於動物保育的動機和瀕臨滅種動物可能滅絕的原因加以分析。在此感謝還必須梁博士的幫忙，這樣的訓練才讓我今日有能夠在相當短的時間內趕出很有用的文章的能力。

後來就是國科會的研究計畫協調會，有一部分是關於環境教育的研究計畫，所以系主任也把我的名單送出去。就這樣我們這一組的協調會召開了，是要研究適合在各級學校實施的環

境教育概念，我被分配到國小組這一邊。我們這一組幾乎都是我們學校的同仁，有本系的、也有社教系的同仁，我也在莫名其妙的狀況下被推舉為總計畫召集人。我們研究的根據是依據國內幾位前輩所研究出來的「中華民國環境教育綱領草案」（周昌宏等，民81）為基礎。這個綱領草案將環境教育區分為六大項，所以本組同仁依據我是化工出身的背景，提議我們針對第四大項加以闡述污染相關的研究。我也在不清不楚的狀況下提筆撰寫研究計畫案，不過馬上發現盲點。環境教育的各個概念都是環環相扣的，如何將一個概念綱領下的小概念研究出來呢？在緊急關頭，我去找了我的研究夥伴高老師商量對策。一個比較好的構想再一次被討論，就是依據各個概念綱領分組研究。我們還協調研究的工具要有一致性才能對比，所以採用問卷調查方式進行各個子計畫的研究。

　　這樣的研究計畫進行了三年，第一年是針對國小教師，研究他們認為適合在他們那個年級教學的環境教育概念。第二年再依據第一年的研究結果，編製測驗題分發給國小教師在各校實地施測；當時的假設是如果一個測驗題對大部分學生而言太艱深，就不要考慮在那個年級實施這樣的環境教育概念。第三年是由我將過去兩年的所有子計畫加以整理分析，希望能夠呈現出適合在國小實施的所有環境教育概念。

　　另一方面，當時的我沉迷於其他學者發展出來的環境行為預測模式，所以也以個別訪談的計畫向國科會提出申請。那段時間也是我回國後執行最多計畫的時刻，每天都在想計畫的進度、會計報帳問題、研究助理的管理問題等等，當然就沒有時

間仔細思考研究的真實動機。我也幾乎在同一時間接下了環境教育中心主任的職缺，對我而言也算是一項莫名的職缺，因為我不知道這個職缺的目標是什麼。

這樣的研究計畫有些是運用統計方式探討問題，有些則是運用訪談方式，深入發掘在環保人士的內心到底有哪些特殊的因子，會讓他們甘願為環境保護而犧牲假日擔任義務解說員。我意外地發現協助我執行統計研究的助理在計畫結束時只是將研究計畫當作是一項工作，對於環境保護並沒有具體的認識。相對的，執行訪談的助理在計畫執行一段時間之後，幾乎就已經變為環保人士了。當我追問一位當年擔任我執行訪談的助理後才發現，她在安排訪談環保人士的過程中就已經從環保人士那邊獲得許多環保相關的理念了。具體的例子包含有許多環保人士要求訪談必須安排在他們子女上課時間，因為他們視親子時間比任何關係都還重要；不少受訪者在訪談後的用餐時間會堅持到環保工作做得好的餐廳（例如不用保麗龍餐具）；更有不少受訪者會主動將微薄的訪談費捐給環保團體等等。這類型的助理在離開研究助理的工作後，還會主動在新的工作崗位上推動各項環保措施，這不就是推動環境保護最好的方式嗎？

我發現，利用統計軟體進行問卷分析的研究計畫對於一個長久執行相關研究的學者而言，會有倒吃甘蔗的感受。也就是說利用相同的統計軟體分析問卷一段時間後，只是改變研究對象或是研究主題，在詮釋統計資料時不必擔心研究者是否客觀的問題。不過在問卷設計時是否有足夠的時間考慮到每一個細節呢，縱然我們曾經採用專家審查的方式研發問卷？問卷的寄

發是否客觀地考慮到相關族群？研究對象在填答問卷時是否認真專注地回答問項呢？或是由別人替代回答呢？還有的問題就是問卷發展時的假設是否成立（例如填寫問卷的老師對環境教育是否了解，或是學生對某一項問題的答對率是否代表我們就要執行某個環境教育概念）？最重要的是這樣的研究到底讓我在專業上有什麼成長呢？除了提升我在專業領域的學術地位之外，這些論文都在完成計畫時被灰塵掩蓋了。所以研究的目的到底是什麼，就是我在執行計畫後的迷思吧！

在這個學校教書一段時間之後，原本希望在寒暑假可以自我充電的機會也隨風而逝了。原來在過去這幾十年之間，師院也由三年制的師範學校，演變為五專制的師範專科學校，到近年才變為大學院校的師範學院。這樣的演變也需要有配套的措施，鼓勵國小教師回師範學院再一次當進修推廣部的學生；能夠進修的時間當然好像就只有放長假的寒暑假了，我們也似乎理所當然地成為他們進修時的師資了。這還不打緊，我們還見到各式各樣的班級在學校進行；例如曾經在國小擔任代課教師五年以上才能投考的初等教育轉學班，專為特殊教育培育師資的師訓班，專為一般大專院校畢業後想要從事教職的國小師資班（還區分為日間班和夜間班），在寒暑假為國小教師開設的學士班和四十學分班，這兩年還開設了碩士班給國小行政人員進修。這樣緊密的課程安排卻讓我們沒有寒暑假的充電時間，有的只是不斷地為國小教師進修而忙碌。

當然在這樣緊湊的教學下，我還是希望能夠有機會可以做短期的進修，以便自我充電。參與世界各國的環境教育學會所

主辦的年度發表會就成為我當時的成長指標。世界最大的北美環境教育學會每年都會選在北美洲的一個國家開年會，我也不斷嘗試投稿，也相當幸運的幾乎每一年都被審查委員接受（除了九八年的年會例外）。國科會或是教育部就是我參與這些年會時贊助出國的主要單位。或許是這樣的熱心參與一段時間後，竟然在九三年接到澳洲學者邀請我參與「亞太地區環境教育專家會議」，當然就趕緊回信答應參與會議。那一次的會議和我所參與的年度發表會都不同，有一份閱讀資料必須在開會之前閱讀過，但是因為我那時不知道那份資料的目的，所以是在沒有閱讀的情況下參與會議。到了會場才知道那份資料的重要性，趕緊漏夜閱讀，才明白那一次會議的目的是要協助聯合國教科文組織重新將環境教育定義為「永續發展下的環境教育」，沒想到自己也有這種資格，能夠參與這麼重要的會議。過了兩年，我又受邀參與「歐澳兩洲環境教育邀請式會議（invitational seminar）」，參與的學者人數更少，只有三十幾人。會議也安排一些機會讓我們這種英文不太靈光的亞洲人有機會發表觀點。很有趣的發現是參與這類會議時，主辦單位並不希望我們先準備一份完整的論文，而是希望能夠將我們每個人最新的觀點在會議進行時和大家分享。不過因為向國內各個政府機構申請經費補助時，都需要繳交一份「準備在會議發表的論文」接受審查委員審查，我也就按著國內的要求先寫一份論文申請經費補助。

　　參與這種短期的進修對我個人的專業成長確實有極大的幫助。我更發現北美洲和歐洲（包含澳洲）對於環境教育的觀點

（學術上我們稱它為典範）有越來越明顯的差異。北美洲的學者將環境教育定位為「環境教育可以治療一般人不愛護環境的毛病」，所以在各項環保行為模式的探討時，都先考慮如何治癒一般人的毛病的觀點。歐洲的學者將環境教育當成民眾能夠成為下個世紀優秀公民的勝任能力之一（action competence），所以強調的是大家都在起跑線，誰都沒有毛病。當我在完成環保行為模式的研究計畫之後，我才發現原來多數民眾認為環保人士才是腦筋有問題的，是有毛病的一群怪人。如果環境教育在推動時是先假設一般民眾才是有毛病的，當然就會讓他們不願意接受毛病的治療了。這是北美在推動環境教育時所遇到的困難，所以有些學者已經朝著「自我效能」，或是「控制能力範圍」的研究去探討環境教育的推動。我們似乎可以朝著這一方面去進行環境教育的研究，而不是繼續探討環境問題和民眾不願意學習的困擾了。

參與國際會議也相當困擾我。除了參與會議時的時差問題外，為了爭取政府補助經費，我也自我訓練出來一套短時間內完成一篇文章的能力。情況是這樣的，一般國際間的學術研討會都會在會議結束時就開始徵求下一屆的論文發表意願，有意願發表論文的人有一到兩個月的時間將論文綱要寄給大會主辦單位。然後就開始一段相當長時間的審查過程，等收到大會通知後，才能夠將論文和大會主辦單位的邀請函一併向國內的政府機構申請經費補助。由於我們學校的教學工作特別忙碌，所以我為了省卻麻煩，都是在收到大會通知時才開始撰寫論文，而這些論文通常不是我執行的計畫內容，而是我執行計畫之後

的感受，以及從計畫發掘的問題。政府機構又要求經費補助一定要在會議之前六週提出申請案件，所以可以這麼說，我在國際會議發表的論文多數是在兩個星期，甚至更短的時間內完成的。剛開始我會質疑自己這種「唯利是圖」的動作，後來發現這種論文其實是將我一段時間內的教學和學術研究的成長集結成文章，所以在內容上仍是有分量的。

對我影響相當大的應該是歐澳兩洲的環境教育學術邀請式會議。他們一直強調在會議之前不必要有完整的文章，是要在會議中激盪出環境教育的新構想。然而我還是有點懷疑一群專家會不會假借開會而到處度假？若果真如此，我就變成一個「學著裝學者的學究」了。但是每次會議都確實讓我學到很多東西，像是國內這兩年才開始強調的永續發展，我在九三年的會議時就已經接觸到完整的面貌。在另外一次會議時，我就像是一個完全的局外人，幾乎聽不懂與會的學者在談什麼，直到會議快結束才開竅，原來這些人已經進入所謂的後現代環境教育學術研究了。最特殊、也影響我最多的，應該是有一次在紐西蘭的會議，邀請了澳洲的高爾夫婦參與會議，他們給每個人一些文章，卻又在文章的前面寫著「這是前幾天完成的，我不希望會議進行時會讓我那時的想法左右我現在的思考」。難怪他們不希望參與人員在會議前有完整的文章，這樣的做法和概念也打動我的心念。我每次參與學術研討會時，幾乎無法宣讀早就完成的論文。對我而言，論文完成後到論文發表總有一段時間，我也一定又對論文內容有另一層次的感受和觀點，怎可能照本宣科好幾天前的文章呢？或許結構上不是很完整，但卻

可以配合我個人最新的理念。所以我聽過他們的談話後，真是有相見恨晚的感受，只可惜我在英文的修養上還相差甚多。

承上所言，我就這樣度過好幾年的教學和研究工作，不過卻發現執行研究計畫上最困難的是會計問題，其次是人事管理問題，最後才是學術內容的探討。我經常因為會計方面瑣碎的問題而被會計人員追問，有一次還被國科會的主計追回好幾萬元。對我來說，作研究計畫應該是一件愉悅的事情，是一種自我實現的表現；但如果因為會計問題而搞得人仰馬翻，還不如自己找幾個有興趣的主題深入探討。何況以目前的經濟狀況，雖不能夠稱得上是富裕，但也不缺那些經費了。何必為了外在的名聲而委屈自己的觀點呢？

在人事管理上，由於研究助理的身分曖昧不明，是一個沒有明天的職缺，就有研究助理是在比較看誰比較偷懶還不會被計畫主持人罵，而不是將研究工作視為神聖不可侵犯的。我的個性又不是那種將研究助理的時間完全佔滿的計畫主持人，所以在執行計畫的有一段時間是在規勸研究助理彼此容忍對方的脾氣。後來想了又想，我何苦自找罪受呢？

我逐漸拒絕政府的委託計畫。也在這一段時間，我開始有機會多閱讀一些書籍，特別是那些不是環境教育或是教育專業的書籍，也開始了我將過去所學沉澱的時刻。廣泛的閱讀是我這段時間的最佳生活描述，我也嘗試將閱讀到的新資訊透過教學傳給學生，並且嘗試了解學生對於新資訊的接受程度。也就是這段時間吧，我認識了一些環保團體的朋友，發現他們有些人拒絕兩、三倍的薪資，寧可屈就於極微薄的薪資，有位朋友

甚至將自己的家讓出來當作辦公室。這簡直就是天方夜譚嘛！在這麼一個功利社會竟然有人會做出這種反社會行為？

我也觀察到我們師院的課程好像因為極少數想要繼續進修學位的學生而嚴重扭曲。所以我開始思考師院的課程結構，也閱讀一些相關文章；不出所料，世界各國的研究都指出「絕大多數的國小教師自認專業不足」。既然已經由高中程度提升為五專、大專，甚至是學士後的程度，為何還嫌不足呢？相同的現象卻不會發生在高中教師的群體上。甚至還有幾位表現相當不錯的國小教師也向我反映國小教學的負擔太沉重。顯然師院的課程需要大幅度的調整才能避免這樣的現象再度發生。所以我這段時間認真思考的，就是國小教師的專業素養到底是什麼。

這當然讓我聯想到師範院校歷經這四、五十年的轉型，師範生的學歷由相當於高中三年的師範學校，到五年制的師專，再轉型到四年制的師院，但是畢業生到國小服務後的態度卻隨著學歷的提升而下降。更有些國小校長告訴我，他們寧可聘用只受一年師範學院訓練的國小師資班的畢業生，或是初等教育轉學班畢業的學生，或是修過教育學分的其他大學畢業生，也不想聘用正統師院畢業生。我繼續追問造成這種反常現象的原因，校長們的回答不外乎師院生的專業不夠、教學能力不夠也不願學習。相對的，國小師資班畢業的學生在這些方面都領先一般的師院畢業生，至少他們都已經從一般大學獲得某個專業領域的學位。我不禁想到我們也曾經因為有執照的醫生人數不足，而開放學士後醫學士的學程給其他領域的畢業生在短時間

內成為醫生的機會,最後卻因為訓練不夠嚴謹而作廢。為何同樣的構想卻有截然不同的結果呢?是不是我們根本就沒弄清楚國小教學的專業呢?

正好那時候基隆市文化中心要求我指派學生去指導一些到文化中心玩的學童。這樣的要求已經有一段時間了,雖然每個月只有短短的兩個小時,但是幾位學生在帶完活動後都有許多問題要問我。他們的問題還真是五花八門,有些是我能力範圍內的,但是有更多問題是無解的。我就像是他們學習時的師傅一般。我更發現這些師院一、二年級的學生在帶過活動之後,對於教育學理的學習非常主動,也會主動回頭去閱讀已經修過的教育課程,以便了解實際教學時的各種現象。有些學生甚至在學到某個教育理念的時候,竟然直接浮現出一些小朋友的身影。前一陣子閱讀《活用智慧》這本書的時候,赫然在譯者(洪蘭教授)的話中出現這樣的話:

> 醫科的學生,四年的基礎醫學訓練,塞給他們很多的知識(我認為根本就是太多了),他們囫圇吞棗地都背了下來,但事實上卻是一知半解,等到大五到醫院實習時,才開始感到緊張、惶恐,感到「書到用時方恨少」;臨床上的個案,與書中描繪的有點像又不全像,為什麼這個病人的症狀是每一種病都沾一點邊呢?

看到醫科的學生也有類似的毛病,讓我又喜又憂。喜的是

這兩個專業的訓練課程應該可以找出相同的訓練方向，憂的則是我去看病時，還能相信醫師嗎？顯然如果先讓學生感受他們不能勝任國小教學的工作之後，才選修教育課程，就可以讓學生產生主動學習的意願。目前師院學生在實習之前多數對於學習不會產生興趣的最大原因，應該是他們覺得小學生可以懂得的知識太容易了，對他們而言太簡單，所以沒有必要認真學習。這也經常由學生在學習後說到，他們需要加強相關科目的知識，否則會被現在的國小學生考倒。對於這一點的唯一解釋，應該就是師院生認為國小教學只需要有足夠的專業科目知識即可應付，卻忽略了許多在國小教學時所需要的教學技巧，和對於國小學生的認知、道德發展是和成年人完全不同的。也難怪過去這幾十年的國小師資培訓強調的只是讓適合傳統學習模式的學生可以學習的那一套，卻讓多數學生的受教權益睡著了。

最近有一篇關於優秀教師的文章吸引我的注意，題目是「重新定義優秀教師」（Redefining Teacher Excellence；Collinson, 1999），文中指出優秀的教師必須具備(一)專業知識，(二)人際關係的知識，和(三)自我了解的知識。在專業知識方面，除了學科知識之外，還包含課程的知識和教材教法的知識。人際關係的知識則包含老師和學生的關係、和教育社區的關係，以及和附近社區的關係。自我了解的知識則包含了關懷的倫理、工作上的倫理等等。很可惜的是這篇文章沒有報導優秀教師如何獲得這些知識。

教育部也在這個時刻彈性地要求我們可以找幾所「熱心環

保學校」推動一些環保活動。正在這個我還不是很清楚這些學校功能的時刻，十分國小的鐘校長主動打電話問我關於校園推動環境教育的相關活動，我就先取了平溪鐵路幹線的幾所小學當作推動的點。當初的想法是先找配合意願比較高的學校，我正好認識幾位校長在這些地區服務，就順理成章地動了起來。當然除了推動教育部的計畫之外，就是將基隆文化中心的構想也嘗試一下，所以就找幾位有興趣到這些學校嘗試新教案的學生開協調會。因應各個學校的需求以及各組學生的特色，我們這些同學的試教活動也有相當不一樣的成果。

　　我就開始分析效果比較好的一些組別，想要進一步了解成功的因素是什麼，這些成功因素之間是否有相同的地方。當我和這些組的同學進一步了解實際狀況後，有一組說到他們試教的學校校長在試教前一天和他們溝通教育的基本哲學，突然間讓他們豁然開朗（當然不是每位同學都有相同的感受），另外一些學校試教的同學則抱怨太多行政工作。

　　我在這段時間和其他兩位老師一起分擔本系大一兩個班級的普通化學的教學工作。第一個學期還沒熱機就已經換人教學，所以我仔細考慮第二學期能夠給這些學生什麼樣的刺激才能讓他們主動學習。就在第二學期倒數的日子，我突然決定讓他們到一所大型小學分組去試教。非常感謝板橋國小幫我了一個大忙，在他們正常教學的時間撥出了兩段時間，讓這兩班的學生分為二十五組進行試教（請記住這是一年級的學生，幾乎可以說是一種冒險行動，所以我非常感謝板橋國小的爽朗）。多數的學生都認為這是一個不錯的經驗，少數幾位同學抱怨這

樣的安排試教簡直就是把他們丟到大海淹死一般的痛苦。所以又是我反思的時刻。如何降低學生試教時的痛苦感受，並且加強他們的主動學習意願？是不是決定得太過倉卒呢？

這樣的思考需要時間，但是學校緊湊的課程並沒有給我足夠的時間仔細思考吧！我就又接了一班下一屆的大一新生，這一班因爲學校選修學分的改變，學生是來自於各系的混合編班，對我來說簡直又是另一項考驗。如果用傳統的教學模式和紙筆測試雖然可以協助本系學生獲得比較高的分數，但是很可能會讓其他系的學生要求減少自然科學的學分（這種混合編班就是因爲外系學生不認爲他們需要選修太多自然科學的學分才有的對策）。所以我還是用我比較擅長的教學模式進行教學工作，但也因爲三個班級同時上課，實驗室不夠用，必須大家分攤實驗室的使用時間，所以我在開學時就已經考慮到期末時間不能用實驗室上課的困擾。幸好和我的好朋友黃校長聯絡後，他直接答應可以在期末到他們學校試教。不得了，我們的試教安排在九八年的最後一天，很不錯地結束一年吧！記得有一位前一年向我抱怨差一點點在試教時有淹死的感覺的學生也跟了去，他在這次試教活動後向我抱怨學弟妹太幸福了，如果他前一年也是如此安排就不會有那麼強烈的負面感受。我就反問他：這代表我在這麼短的時間內成長很多，或是我去年對他們不好？

這時有位視導找我一起到東北角的兩所學校訪視，我就跟班去看看這些學校的教學活動。到了其中一個學校和校長在閒聊時，他竟然就答應我們的學生可以到他們學校去試教看看。

我就找了當初還是一年級的辛如當作聯絡人，安排同學到校試教的活動。慢慢的，我們的試教活動有了一個模式出來，盡量安排在國小上課時間到校實習，並且是每兩個星期試教一次。

當我再一次仔細閱讀最近流行的建構教學之後，了解到建構的理念和我的教學相當接近，也是我大量採用學習循環（learning cycle，國內有學者將它翻譯為學習環，是對它不了解所造成的翻譯錯誤）教學的主要原因。學習循環將教學區分為三個階段：探索、介紹（或證明）、應用。它和一般學生經常體會的直接教學方式是不一樣的，只先導引出一個學習的方向，讓學生依據他們的前置經驗進行個別或是小組學習。由於老師只是將學習的大方向告訴學生，而且每個學生的前置經驗都不同，所以學習也就會有不同的結果。老師在學生探索學問時的主要工作不是指揮學生實驗，或維持秩序（我經常故意忽略秩序的維護，甚至放低聲量，結果根本就沒有秩序問題）；相反的，老師變成情境安排者、觀察記錄者、也是後勤補給。這就像一位美國學者所說的，老師在建構教學的情境下是一個播種者，而不是告訴者的角色（Teachers work like tillers, not like tellers during a constructive learning situation）。

當學生在學習時有任何意見上的衝突，或是共同的發現，需要分享時，就必須進展到下一個階段：介紹。介紹的功能就像是科學家每隔一段時間就會召開相關的研討會一般，是他們心靈交會的時刻；不過並不是每個科學家的研究觀點都一模一樣，這也是研討會令人著迷的地方。介紹時是將學習時的方向和學生分享可能的挫折和成就，也可以將學習的主要概念說明

給學生聽。但是當我考慮到人類在科學上是不斷地發展，所以目前的科學發現是否會被更新穎的科學發現所取代？科學的學習是否是以培養學生的科學態度更勝於科學知識的灌輸呢？（費曼在《這個不科學的時代》一書當中就指出，科學態度的培養遠比科學知識的學習重要。）至少我知道科學知識會隨著時代進步而失去功能，特別是在這個資訊爆炸的時代，知識的輪汰變得越來越快，但是一旦擁有科學的態度，就可以達成終身學習的目標，否則學生只會將學習局限在學校的四面牆內。

當然學生在探索時常會出現他們在某一方面的前置經驗超過老師在那一方面的經驗或是認知，老師若能抱持著學習的態度，就能透過教學不斷學習相關的內容。這一點我可以由我的教學經驗提出支持的論點。原本我對植物的認識幾乎是一片空白，但是透過幾個結合化學和校園植物的教學後，我對植物已經有些基本認識，但是我認為透過這樣的課程應用，我學到最多的是對於植物的關懷，而不是植物的學名。

學習循環的最後階段是應用。如果能夠讓學生將學習應用到生活層面上，對於他們的學習就會有十足的幫助，這也是杜威在將近一個世紀前就提出的「教育即生活，教育即生長」的觀點，也是達文西最重視的實證主義。很可惜在科技發展越精進時，分工的現象越嚴重，課程也和生活越來越脫節，學生的學習就越來越抽象。就像前面提到洪蘭教授說醫科的學生在前四年的學習因為沒有應用的層面，所以是採用囫圇吞棗的方式進行學習，但是在駐院實習時，因為有應用層面的開展，學習就突飛猛進。類似的現象也發生在師院學生的駐校實習，或是

學生參與社團試教的機會。所以有不少師院畢業生回憶在師院的所有學習時，會認為駐校實習是他們學習教學相關技能最多的時段，但為時已晚。如果這時候才發現學習不足，要如何補足呢？

學習循環其實只是將人類文明發展的過程運用到實際教學上罷了。人類早期對於科學的認識絕對不像目前的科技那麼進步，而是由簡單的工具製作，才慢慢發展一些科技出來。這就像是最新的電腦科技由五、六年前的 286 在短短幾年間突然發展到目前的 586。火車引擎也由最早期的蒸氣式引擎發展到電動火車頭。學習是將過去人類文明發展過程再經歷一次，而不是只將最新的科技背誦下來，否則未來的科技如何再有進展呢？很可惜的是多數教師卻認為教學生背誦最新的知識就是教學，這就是過去這段時間教學上所犯的錯誤。

教學若從生活周遭發展教材，學生就會因為經常接觸而能夠產生足夠的聯想。這也符合人類文明發展的過程：人類當然是由身邊的東西學習，甚至應該說人類最原始的智慧就是來自於和大自然的互動。但是隨著科技發展，人類卻將自己和大自然區隔得越來越遠，學習最後竟然變成一種只局限於四面牆壁內的聽講行為，或許這就是文明進步的負面效果吧！

既然一個概念的學習需要採用建構方式進行，教學專業的學習也要採用類似的建構方式才能夠讓學生有學習的動機。我喜歡用比喻的方式說明建構教學的重要性。對我而言，學生從國小到大學一路學習，就像一張海綿不斷吸收水分一樣，很可能早就過分飽和到水分外溢了。這時候如果不先甩掉他們原先

所吸收的一些水分，如何要求他們再吸收呢？所以我想探討如何調整師院的課程才能夠達到國小師資的專業能力建構，這樣的研究主題如能成功，不只能夠讓國內的國小師資培訓走到另一個層面，更能夠提升國小教師的專業能力。

　　再回到前面提到師院畢業生多數回憶駐校實習對他們的幫助最大這件事的討論。對於多數師院畢業生而言，駐校實習是他們正式和國小學童接觸的第一次，就是在那個時刻他們才發現以前所學的教育理念有了著力點，所以才會認為那是學習最多的時間。但是對於一些長期參與社團試教的畢業生而言，社團才是他們學習最多的地方（我經常在學校附近閒逛，會碰到許多返校的學生，透過他們的反映才了解這個經常被忽略的現象）。社團經常在寒暑假安排同學到國小實習教學，由學長姐帶領學弟妹。我喜歡再用比喻的方式說明這兩類型的實習試教的區別。社團的試教因為是由學長姐帶領學弟妹，而且通常是安排在寒暑假或是期末考試之後沒有正式老師在場指導的情形下進行，相當於兒童的扮家家酒活動。所以我們見到有學長假裝擔任實習校長在教學檢討時謾罵學弟妹的教學缺失，也像極了家家酒活動時小朋友可以假扮爸爸打不乖的小孩一樣。就像家家酒是每個兒童成長過程中非常重要的一個關鍵，社團的試教活動也是師院學生成為正規教師的過程中相當重要的關鍵。不過兒童在成長為成人的過程中會逐漸拋棄家家酒的遊戲，所以師院生的培訓不能只單純依靠社團的試教活動。駐校實習讓學生有機會成為正式教師擔任教職，但是實施的時間卻太晚了。對於尚未準備完善的師院生而言，沒有足夠的時間加強自

我專業素養，但已經箭在弦上了。這些學生到了國小服務就會成為不適任的教師。所以如果能夠安排學生在學期間就經常到國小試教，並由國小教師和師院教授共同指導，將會有很高的效率。

有了這樣的方向之後，要如何進行呢？其實也不難，國小師資培訓和其他各級學校師資培訓最大的不同，應該就是它在各科教材教法的使用。如果按照國小師資的專業素養培訓上的建構觀點而言，可以先進行各科的教材教法，由任課的教師示範各種教學法，讓學生有親自體會的機會，並且安排學生到國小實際按照教授的教學法去了解各種教學法的優缺點。假試教也是一種方式，但效果差了一些。國外有些學校花錢找了一些國小學童讓未來的教師先有機會嘗試一下接觸學生的感覺。讓師院學生在學期間到各種性質不同的國小實習，更能夠提升他們在教學時的應變能力。這就像極了廚師的訓練，先練習各種菜色的烹飪，再讓學生有機會實際作菜給客人吃。由於不同的顧客喜好不同的佳餚，廚師也需要能夠做出各種不同的佳餚。

但是要如何讓學生，甚至是廣大的國小教師了解自我專業成長的方向和方法呢？上課時我會示範各種教學模式，讓學生親自體會各種教學法的酸甜苦辣，這就像是球隊教練的工作：示範如何發球、接球。但是如果還要提升老師自我成長的能力時要用什麼策略呢？或許是上天特別照顧我吧，一方面我在這一時刻參與教育部的補救教學計畫，是採用多元智慧論進行教學的計畫案，我被分配到了台北市的一所國中。另一方面，我實際閱讀、也參與了成功智慧的研討會。這些活動都讓我可以

將一些教育學理運用到實際教學上。我更高興的是參與了多元智慧論的工作坊，是由本校的田教授主持，邀請了目前在加州教學的張稚美教授，回國和幾所參與補救教學的學校老師、校長溝通。我甚至覺得我從工作坊所得到的可能比其他參與者多出很多。張教授提到一個我早就耳熟能詳的研究方式，行動研究必須對研究者有意義。這樣的話語對別人來說或許沒有多大的意義，但是我在經歷這幾年的研究和教學上的困擾以後，我才發現我過去的研究計畫多數是別人認為重要的研究計畫，對我個人確實有些學術地位提升的功能，卻無法讓我滿意。對我而言最有意義的研究計畫應該是協助我的學生成為成功的國小教師，我更認為師院教授必須示範各種專業成長的模式給國小教師參考。

　　既然找到了方向，下一步就是研究的舞台了！多美好，經過了這麼多年的找尋，跨越了好幾洲的旅行，我總算找到它了！以行動研究探討國小教師專業成長的方向和方法。老天再一次照顧我的想法，讓我在寒假很短的時間有一班初等教育轉學班，珍古德學會的郭小姐適時地向我反映他們需要培訓種子教師，我順口答應可以提供十個名額讓種子教師參與我的寒假班級。因為這個寒假很特殊，幾乎還沒過完年就回到學校上課，所以來參與學習的教師人數不多。當然，和我一起在多元智慧實務上成長的國中也給我一個機會和國中一年級學生玩一玩教學活動，這也變成我的行動研究的舞台。當然還有我正在教學的化學B班的成長。這些就是我要和所有國小教師分享的專業成長的內容和方向了！

探索題目的陳述

其實我想要在這裡探討的主題非常簡單，就是國小教育的專業到底是什麼？國小教師的師長又到底需要什麼專長才能協助他們的學生成為優秀的國小老師？對於那些擅長於傳統教學模式的國小教師，我們是否可以經由系統化的訓練改變他們對於教學的觀點，甚至改變他們的日常教學方式呢？前面的兩個問題非常大，我還在探討。但是這本書就是要和大家分享，透過系統訓練，多數老師已有能力改變他們對於教學的觀點，甚至開始轉變他們教學時的角色。許多修過課的國小老師回到原校後就擔負起自然科學的教學工作，或是分組活動時的自然科探索活動，甚至擔任科學展覽的工作，大致上都說明他們在角色上的改變。

後記

我相當能夠理解一些「專業人士」對於教育的觀點。他們雖然口口聲聲提到教育很重要，但卻認為國小教育是一些能力不足的人才會去玩票的場所。有一位計程車司機甚至告訴我：「國小教育就是女人的天地，簡單的事情讓她們做就好；男人可以做更多更難的事情」。這樣的論點也經常出現在許多在師

院教書的教授群體中，他們認為只要將他們所教的專業科目學好後，就可以輕鬆到國小教書。萬一國小學生覺得沒興趣時，再多讓學生演練幾次，或是用康樂活動帶動學生的學習就可以了。如果這樣的活動還無法讓學生產生學習的興趣，他們認為這樣的學生根本就無藥可救，不要太理會這樣的學生。

我原本也和他們有相同的觀點。回想在台大化工系畢業之前，當年全國自然組的第二志願學系是多少人夢寐以求的學系。考上化學預官更讓同班同學覺得不可思議，但也從此改變我的一生。到海軍陸戰隊當排長，當然就沒有機會在軍中 K書，等到我從軍中退伍時，早就將大學四年所學的知識還給老師了。在一個研究單位工作不到一年之後，就和一群同學一樣放洋求經去。

讓我感受最深的應該是我從工學院轉到教育學院時的心態。當時可以用百感交集來形容，我寧可改到商學院進修，也不願意到教育學院，但卻得不到商學院的入學許可，就這樣糊裡糊塗地進了教育學院。剛開始還自認可以輕鬆學到教育學院的所有學問，還寫了幾個教案給當地幾所學校的老師試教看看。等了好幾個星期還沒有任何一位老師向我回報試教結果，我還有點生氣地追問。不問還好，問了後才有一位老師向我說，教案是不錯，但好像不適合她的學生學習。我當時的想法是，哪有這種事情？教案不錯還會有適不適合的問題？只要老師用更加兒語化的言語和小朋友講解不就好了？

這樣的情形一直維持到我獲得教育博士學位前一、兩年。等我學了教育學理並且實際輔導美國國小老師實習時，赫然發

現自己曾經那麼幼稚地認為，所有學問都可以採用簡單的文字教給小朋友。

我的教學理念：
人類文明發展與學童
學習理論

　　　　　　　個人覺得教育理念決定教學方法
　　　　　　　　以及老師和學生之間的關係
　　　　　所以探討教育改革必先探討教學者的教育理念
　　　　　　　教育理念決定教育改革的方向

　　過去幾年當中，我開始質疑一些教育理論對於傳統教育方式的影響，認真閱讀許多書籍，並且實地嘗試修改後對於教育改革提出觀點。這是我在課堂上會和學生分享的新世紀教育觀點總匯。它能夠讓許多在第一線工作的國小教師開始反思教學的意義，願和大家分享。

　　本文針對科學發展歷史和科學教育之間的關聯深入探討。在本文中也會探討目前教育界所強調的建構教學和多元智慧的論點在教育改革時的角色。學習循環，一種迥異於直接教學的教學法也會有所舉例說明，以便將它和建構教學連在一起。最後再針對科學史對於教育改革時的功能加以分析。

　　許多研究兒童認知發展的學者指出人類的認知、道德發展是以階段方式發展出來的。較著名的學者就是皮亞傑一派的認知學派，以及隨著而來的知識建構論和社會建構論。相同的，哈佛大學的學者迦納（Gardner）也提出多元智慧論，以和從前過分強調傳統智商（祇包含語言表達及數學邏輯能力）做強烈對比。耶魯大學的史坦堡則強調成功智慧的重要，他的重點在於補足傳統智商論的不足，而非取代傳統智商。

　　以上的學術理論對於多數的學者而言，可以是個人學術地

位的表徵，但是對於一般民眾而言，卻是頗為高深的學理。也因為如此，在教育改革風起雲湧的時刻，我們見到它正面臨各項阻礙。這些阻礙來自一般家庭，也來自從事第一線工作的教育人員。

反對勢力的分析

來自一般家庭的阻礙是因為民眾對於正規教育的恐懼。理論上，教育反映也同時執行國家各項政策，所以既然憲法規定人民有免於恐懼的自由，它就必須提供人民（當然也包含眾多的學生）一個免於恐懼的自由。但是國內目前的教育模式卻在菁英教育的領導之下，讓學生隨時隨地處於恐懼的威脅。這和教育學理中強調的「學習是快樂」的理論是相衝突的。學生也必須彼此競爭才能在眾多同輩之間脫穎而出，這樣的競爭也帶來巨大的恐懼感。不妨讓我們分析學生的求學經驗。由小學到中學還算是沒有升學壓力；學生一旦進入國中，就得面臨強烈的升學壓力。全國公立高中聯招的平均錄取率祇有三分之一，也就是一個進入公立高中的學生一定要在成績方面「贏過」兩個人，更不用談那些考進明星高中的學生，更是少數中的極少數。因此，在強烈升學壓力之下，國中學生常常在一進入國中階段便被訓練成為考試機器（一天小考四、五次還算普通），卻缺乏下個世紀所需要的批判思考、創意思考，以及資料的收集、整理能力。這些壓力也傳達給學生家長，甚至可以說學生

的家長已經是這個升學壓力的幫兇之一。所以他們常常在兒童們尚在小學時便將子女送進各類才藝班,以免子女「輸」在起跑線;卻因為接送子女到這些補習班而犧牲了親子之間的親密關係,造成學生(學習的心)「死」在起跑線的現象。

學生進入高中之後,又面臨另一項升學壓力。國內的大專聯招錄取率也祇有百分之六十。所以,高中生更被訓練成應付考試的高手。學校教育也幾乎是為了幫學生做準備而調整(許多高中老師的主要任務是幫忙學生找出歷屆聯招的題目,並不斷加強各種題型的解題訓練)。也因為絕大多數學生在高中之前的讀書幾乎是為了考試,所以一旦進入各大專院校之後,學生對於扎實的學問已經不再感興趣,造成許多大學教授抱怨學生已經變質了。其實並不是學生素質變了,而是他們的學習生涯就像一條拉長的橡皮筋一樣,在被拉長了十二年之後,彈性疲乏;要他們主動求知,就像要一條已經失去彈性的橡皮筋還能有足夠的彈性一般,當然比較困難。林玉体就指出國內的學生「在該學習的時候不肯學習(意指高等教育階段,學生成熟度比較高的時候),不該學習的時候卻又學了一大堆(就是義務教育階段不必太多知識內容)」,或許就是這個現象的表象。

至於沒考上大專院校的落榜生,除了極少數人以外,早就對學問的追求失去興趣。更有重考生表示在聯考時會故意放水,省得還要再受四年的大學生涯苦讀,或是繼續受到父母親的責罵。這種現象會有越來越惡化的轉變,對於教育改革也會越來越反彈。

　　明星學校的學生或是一些資優的學生，可能成為強力反對教育改革的幫兇之一。多數資優生認為教育改革是要為平庸的學生提供平反的機會，「理所當然」地會犧牲他們的教育機會。我們甚至看到某個明星男校的同學向前教育部吳京部長強烈表達「明星學校有什麼不好？」我們可以想像這群頭角崢嶸的學生彼此心靈感應的快樂，以及他們和一群「庸材」無法溝通的痛苦。但是教育的目的除了讓學生學會知識以外，知識表達的能力不重要嗎？與人合作的能力不重要嗎？我們甚至可以說這些學生是害怕他們對知識沒有深入了解，只是將課本內容強記下來而已。近來美國科學教育界曾將他們的國中小自然科課程比喻為「一里寬的涵蓋內容、一公分深的深度般膚淺」。由於無法向一般的同學解釋，才偽裝自己。曾有生物學家指出國內一位植物學家，能清楚說明所有植物特徵，到了現場，卻目不視丁，是否就是這樣的人呢？國內一般民眾對於有學問的人有一種盲目相信，但又有點不屑理會的特殊情懷。所以只要是有學問的民眾發出怒吼，多數的民眾就會自動退卻。反而是那些平庸的絕大多數民眾的受教權被忽略了卻無法讓多數民眾重視。另一方面，傳統上很聰明的學生在傳統教育模式下是否能將他們的潛能發揮，則是教育改革所須強調的問題。前陣子聽了國內歷史學者的演講，發現他們也在苦惱歷史只是王公貴族的歷史，卻忽略了絕大多數人民的歷史，或許也有相同的傾向：聰明人才有參與政策規畫、執行的權力。

　　在即將邁入下個世紀的年代，因為網際網路所提供的功能無限，也因為人權主義的訴求，教育正面臨前所未有的挑戰。

前者讓所有擁有網際網路功能的民眾有機會在任何時刻，以最輕鬆的方式閱覽全世界的圖書資訊。所以在存取知識的這項功能方面，網際網路可以說是最佳的選擇。傳統的教學功能，如果想在面臨網際網路的挑戰時還用這類方式進行教學，很可能會被時代潮流所淘汰。因為社會變遷所帶來的方便，也常常讓一些傳統行業的從事人員失去功能。因為科技快速發展，讓民眾在打電話時不必等待耗時的接線生轉接，更不必一定要靠到牆邊打電話，而是可以隨時隨地打電話（手機）。這樣的方便也使得許多電話接線生失去工作機會。他們失去工作機會並沒有讓一般民眾在生活上有任何不便，相對的，民眾的生活更加方便了。老師會不會是下一波因為科技發展而失去工作機會的一群人呢？（以上有部分內容摘採自《代做功課股份有限公司》──一本諷刺教育現況，並且提出另類架構的輕鬆書籍。）

　　人權主義則強調每個民眾的受教權利平等，不論民眾的性別、智力、經濟狀況，或是年紀大小等等。所以終身教育或是強調學習型的社會，已經是政府的施政目標。既然強調每個民眾的受教權益，資優學生不該是唯一可以享受教育的一群人。而一般民眾（將近百分之八十五）更不能因為他們不適合傳統模式而被正規教育所排斥。若能採用不同教學模式，不只能照顧每個學生的受教權益，更能將他們的潛能發揮出來。在《多感官學習》這本書當中，提到如果一個學生有明顯的肢體障礙時，老師對這樣的學生會有比較不同的要求；但是當一個學生學習的模式和老師的學習模式不同時，老師卻不給他們另類的

學習機會，最後造成這些學生的學習障礙而不知。這一現象已
經讓我國大多數學生討厭學習，或是將學習和學校內的學習畫
上等號，缺少主動學習的原動力。當我們面臨網路世紀時，如
果不趕快調整教育政策，將有什麼後果呢？忘了是誰說的，一
個錯誤的教育政策會影響一個國家將近一個世紀之久；鄰國菲
律賓由盛而衰不就是明顯的例子嗎？

有機體論

　　教育工作的同仁對於教育改革也多數持著觀望的態度。不
妨讓我們先看看一些簡單的科學實驗，就不難理解他們不願意
改變的態度了。大家都知道，植物的根有向地性，葉和莖則有
向陽性。美國太空總署的植物學家曾將番茄種子送上太空靜待
多年之後送回地球，並分送給各個學校做自然科學實驗。他們
實驗的目的就是想了解種子在沒有重力的情形下，是否會忘了
它們的本質（我還保有好幾包那些種子）。

　　植物如此，動物更如此。許多行為論者就是朝著動物討厭
處罰、喜歡享受的特質而設計的。大家所熟知的海豚表演是透
過鼓勵某些特定行為而訓練出來的。更著名的應該是小白鼠走
迷宮的訓練，其實是採用電擊的處罰和乳酪的獎勵所呈現出來
的特技表演。

　　人類和一般動物確實不同。人類在不好的環境下會運用他
們的智慧主動改變環境，使局部的環境適合人住。所以我們通

常將自己關在堅硬的水泥房中，以免外在的大自然變化影響我們的生活。但是人類所具有的有機體通則卻仍然保留著，絕不因人類文明演化而有改變。由人們組成的團體則是更大的有機體，更會抗拒外在的變化。教育機構，一個龐大的人口組織，就是這樣一個有機體的組合。甚至可以說從事教育的人都會抗拒任何形式的教育改革，祇是抗拒的程度不同罷了！

　　所以在教改的呼聲中，我們見到這些「有機體抗議」。老師們抗議是因為教育改革，小則要他們重新閱讀一套書（相對於同一套書已經唸了十幾、二十年，每年要先看一些自己也不喜歡的書）。中等程度的教育改革則要老師依學生的能力設計教材，或是取消老師的寒暑假，以便能夠利用寒暑假設計課程。這種要求相對於以往要求教師不可偏離課本教學，真是不可以道里計。換句話說，過去的學校教育已經奪走了老師的創意，今日卻要求他們將這些創意拿出來，簡直把老師當成機械一般看待，所以他們會抗拒改革是可以理解的。

　　最大程度的教育改革可能對教師的工作造成威脅。當每個區域都對老師有聘任的權利，當然就有解聘的權利。以往教師如果表現不好，頂多是被行政主管訓斥一番、或是被調派到偏遠地區，才造成目前城鄉的差距。顯然，老師們不反對教育改革可能帶給他們的權力，卻害怕隨著權力而來的義務，甚至厭惡這些義務。

　　一篇討論優異教師的文章指出，好老師必須同時具備三個條件。這三個條件分別是學科知識的專業、與人溝通表達的技能，和教學方法的多元化。老師們可以自己分析在這三方面的

功力，就不難了解教育改革的訴求雖好，但是卻會遭到許多抗拒了。

　　資優生和他們的家長也害怕他們的受教環境因為「壞學生」的摻雜而變壞。若以有機體論來分析，當學生進入高中階段，我們雖然強調不會將學生依能力分班，卻將他們依能力分校。顯然，我們是掩耳盜鈴地欺騙學生和家長。這就像是不少普通班學生的家長強力反對他們的子女和殘障、智障學生一起學習（也就是特殊教育所提的回歸主流）。他們害怕這些學習遲緩的學生會剝奪他們子女的受教權利。相對地，普通班學生的家長常盼望能將子女塞進資優班。所以，贊成教育改革的常常是一般的學生和他們的父母親；在人數上他們是主流。反對教育改革的是資優生和他們的父母親；在人數上，他們是少數民族，但在聲音上，他們卻是主流。

　　面對這樣的抗拒，教育改革的前途堪憂。換句話說，我們的教育似乎祇是重複扮演著生產線檢驗員（assembly line's inspectors）的工作，並且嚴格地將不良產品拋棄，祇要有百分之十的優良產品就心滿意足。對於工業革命之後的工業社會，這種生產線方式的教育模式，以及它所製造出來的菁英確實帶動了社會的繁榮。這樣的要求似乎也加諸在學術性的研究方面，所以我們要求學術性文章要有一定的寫作規格。如果不按照這樣的規格就會受到學術界的排斥。這一現象也讓學術性文章成為極少數學者的閱讀專利，卻將學術研究成果應該推廣的大多數民眾隔除在外。在即將邁入二十一世紀的時刻，我們要思考的是，二十一世紀會是一個什麼樣的世界？雖然我們無法預先

知道,但是卻在二十世紀末期可藉由最新科技看看可能的走
向。

一、電腦的功能越來越強,也越來越普遍。記誦式的學問
可以藉由一小片磁碟片迅速讀取。網路的盛行,更使得民眾可
以透過個人電腦迅速獲得大量資訊。因此,記誦式的知識在未
來的學校教育可能會減少它的重要性。

二、電腦也被廣泛使用在許多工作上。例如文件傳送、戶
政管理、飛航技術、工廠生產等等。未來擔任工廠生產線的工
人對這些電腦科技,雖不必精通,但至少得熟練操作方式。

三、世界也將因為交通和通訊的便捷而「縮小」。認識世
界各地的地理、歷史、習俗將因貿易、通婚、工作調動等等因
素而更形重要。

四、地球一體或地球太空船的概念也將越形重要。世界各
地的化石燃料是歷經幾十萬年才形成的,卻將在二十一世紀中
期耗盡。另一方面,環境污染將不再局限於發生地點,它們將
會跨越國界,甚至對其他國家造成嚴重的經濟損失。永續經營
將成為潮流,否則將會受到抵制。

依據上述論點,不難發現在電腦資訊世紀,不能再依賴少
數菁英的表現,而是每個民眾都得有基本素養。一般大眾的義
務教育就更形重要。傳統上和正規教育有關的課程、師資培訓
和教學評量就得做對應的修改。在師資培訓方面,欣見它的多
元化;在執行方面,卻出現嚴重脫軌現象。一來,教育部在教
育改革的路上對各師院做諸多限制。相對地,各大專院校祇要
對師資培訓有興趣,即可設立教育學程。這種心態將繼續壓抑

師院的發展。

更嚴重的錯誤是矮化師資培訓的功能。對於一般大學的學生而言，祇要對師資培訓有興趣，即可在學校選修二十六個或四十個教育學分，就有資格到國中或國小教書。選修教育學分是在他們主修的科系之外的副修。根據這樣的說法，小學教育是次級文化，是可以用副修方式進行的。相對地，師範學院的學生受到的限制相當多。

實際上，義務教育是相當困難的工作，至少它有以下幾點要考慮：

一、國小教育到目前為止是包班制，換句話說，級任老師除了一、兩科以外都得教。考慮每個科目的內容都包羅萬象，真懷疑世界上有誰能擁有足夠的學識可以擔任國小教師？在國中教育方面，教數學和教國文的老師是非常不一樣的專業，國小老師卻要同時對這兩個領域有相當的素養，這是非常奇怪的現象，卻鮮少有人質疑。

二、國小學生經歷許多認知、道德發展階段，特別是每個人進展的程度不一，要將他們同時帶領到喜歡求學的機會相當小。特別是一些家長會讓孩子到才藝班學習國小一年級的課程，所以一開始的教學是相當困難的。

三、國小課程內容都相當容易，多數大人當然也都熬過了。但是越是基礎、簡易的課程，越值得探討年幼的學生如何將它們內化成為他們的知識。這論點就像是說每個人都會長成成年人，但卻不是每個人對於人體生理機能的變化都懂，甚至只有少許人懂得。經歷過教育洗禮並不代表說就對教育學理很

懂。最近科學教育和數學教育特別強調兒童的迷思概念研究，就是希望能夠提供一套完整的資料庫，好讓老師在診斷學童學習困擾時有資料可以參考。

當我們再考慮建構教學（學童並非像白紙一樣讓教師「書寫」知識，而是將原先的概念透過教學、搭橋的工作達到教學目標），以及多元智慧理論（傳統的智商測試祇著重語言表達及數學邏輯，卻忽略也摒棄了擁有其他種類智商的學生）之後，國小教學更形困難，絕不是將成人世界的知識以兒語化方式表達即可完善達成。

目前國內許多師院在培育國小師資時，不是協助學生熟練國小課程以外，就是強調各科專業知識的鑽研。前者通常在大三、四的各科教材教法實施，優點是學生畢業後能早點進入教學狀態。等這些教師教了一段時間之後，要再找回他們的創意，就會遭遇前述有機體的抗拒。這也是黃武雄在《台灣教育的重建》一書中所提的師資反淘汰現象。特別是在九年一貫課程已經要下來時，卻還實習著每一年都更新的「新課程」，這是讓人無法理解的事情。

至於將各科的專業課程與教育課程分開來上，絕大部分是依師院教師的利益考量，而非以學生未來教學功能為依歸。如果這樣的論點可以成立，我們可以找幾位具有純粹教育背景的教師來訓練他們各科的專業知識後，派往國小擔任教職一個學期（這和客串性質的臨床教學完全不同），相信多數在還沒學完各科專業知識之前已經沒勇氣去國小了。讓我們借理髮師的訓練為例作個對比吧！如果理髮師的訓練是先學習各種髮型的

特徵介紹（猶如各種教育理論），並且長期觀察別人的理髮技巧，卻祇能在整個訓練過程中親自為幾個人理髮，相信沒有人敢讓這樣的理髮師理髮。

同樣的對比也可以應用到律師、法官或修理汽車的黑手。律師及法官的比喻可以在《全是贏家的學校》一書中找到例子。對於修理汽、機車的員工訓練，可以說是高工的課程。如果我們對高工學生盡講些汽、機車的發展，各項燃料的燃燒比，卻祇讓他們拆裝一部汽、機車，相信也沒多少人會找他們幫忙。

我不是反對各科專業知識或教育課程的介紹。相對地，它們的重要性會影響教育改革是否成功。再讓我們看看其他大學生的大學課程吧！以化學系為例（我曾是化學的逃兵，所以對它有些認識）。大二之後，每週至少有一整天在實驗室裡做有機或分析實驗。穿上白色的實驗衣雖然讓人不舒服，但卻是不折不扣地學習化學家的甘苦。三、四年級也對新穎的化學課程做探討。換句話說，化學系的學生除了一年級通識課程較多以外，其餘時間不是親自體驗化學家的甘苦，就是探討相關知識。每一位化學系的老師也有能力擔任各科化學領域的教學工作。相對於此，師院常常在學生即將畢業時，才讓學生以極短暫時間體會教學。難怪有人說，師院沒有教人當老師！當學生離開師院，在一夕之間，如何要求他們能立刻成為優秀的老師呢？有好幾本書強調目前的國中小師資培訓是「用昨日的教育模式，訓練今日的老師，去面對未來的學生」，這或許是師資培育機構必須謹慎思考的方向。如何讓現在的師院學生具備足

夠的能力去教未來的學生？

　　由此推論，師院的訓練應先強化國小教學是一個專業素養（它的專業又是什麼呢？愛心？耐心？如果真是如此，哪需要師院的存在呢？）的訓練。在學生進入師院（或各大專院校的教育學院）之後，就先體驗當老師的甘苦。模擬試教（或假試教）可以讓學生在同學面前體驗當老師的感受，也是他們正式面對幼童之前必須有的訓練。（否則幼童又不是教育界的小白鼠，誰肯讓自己的小孩當完全沒經驗的教師手下的試驗品？）各類視導〔supervision，傳統上叫做督導（inspection）〕更可以協助學生了解自己教學上的優缺點，但在各師院卻鮮少看到這樣的課程。一旦學生了解自己教學的優缺點，再依強化或是補強的觀點選修教育課程或各科課程。所以我贊成師資培訓開放給各大專院校，但反對在這些學校，師資培訓竟以副修、備胎方式，簡直是矮化國小師資培訓到了極點。要徹底落實，就在各大專院校加設各級師資培訓科系，絕不能因為目前各級學校缺乏優良師資，而以急就章方式應付，這樣祇會使國小師資培訓益形惡化。這就像法官的工作太重，若能增加法官人數至少可解決部分問題。但是量的增加無法解決質的問題，甚至可能讓它更形惡化。

　　不少師院也正努力於證照的核定。這是由傳統的琴法抽測，以及國語文會考所延伸出來的作法。如果按照這種想法去執行，一位國小老師為了求取自然科的證照至少要精通化學、生物、物理、地科（含天文學）。每個科目縱使扣去兩年通識教育，也得花兩年時間，才能和一般大學生一樣熟悉課程。所

以單單爲了要獲得自然科的教師執照，就得花費八年時間，卻對國小課程以及應該改進之道越行越遠。偏偏多數國小教師在包班制之下要每科都會教，如果按證照制度，至少要花二、三十年才行得通。但可能對國小師資做這樣的要求嗎？

教學的技巧應該是國小（甚至國中）師資培訓最重要的。實際上，一個人對某個主題過於精熟，反而可能會影響他（她）的教學效果。以一些明星高中生爲例，他們常有自己溝通的模式，但是他們卻無法將所學內容去教其他同學。這是因爲每個人對自己熟悉事物都會有些基本的假設，因此介紹這些主題時常會自動跳過這些基本假設。相對地，一個人在介紹自己不是很懂的題材時，常常會很謹慎地準備。可惜，這種態度一搬到國小就變質了，因爲老師常以教室內的唯一權威自命，一旦碰上自己不懂的知識，寧可跳過去不教，也不讓學生挑戰自己的權威。在歐洲相當風行的「史代納學校」甚至要老師在八年內教同班，並和學生一起成長。八年後的教材又不同，老師憑恃的當然不是對教科書內容的精熟，而是教學心態（安排情境，和學生一起成長）以及優異的教學技巧。一般人害怕同一班學生若倒楣跟上一個不好的老師八年，不就完了。但是爲何要容忍壞老師的存在呢？就像我們也不允許不良的醫師、法官是一樣的呀！

優異的教學技巧不是來自於教育課程的精熟，也不是對各科專業課程的掌握。它來自於老師了解到小孩在學習上可能發生的困擾和實際教學的反思。有位國小二年級老師向我抱怨學生聽不懂「當你面向北方，左手方向是西方、右手是東方」的

簡單道理。我卻一點都不覺得奇怪。國小二年級的學生剛離開
「大象的鼻子長」或是「向前看齊」的階段,明明手伸出去就
不是規則的方向,如何定為東方或西方呢?國小老師強調教師
權威後最困擾我的,就是學生進入小學時是充滿著問號和驚嘆
號(代表他們的好奇心和觀察能力,不是有一首〈今天起我們
就是一年級〉的歌曲嗎),卻以充滿句號(代表著好奇心和觀
察能力的消失)的心態從國小畢業。

人類科技文明發展與科學教育的關聯

　　並不是每個小孩都會對相同的學習題材有興趣。實際上,
依照每個學生的個別差異,他們在各科的學習上就會有差異。
不妨讓我們就學童對自然科的學習與人類科技文明進展之間做
個比較,或許有助於教師們對教學技巧上的改進。
　　自然科教學因為科技進展快速,而有越來越多的教學內
容,這對年輕學子是不公平的。不妨先讓我們看看人類科學進
展的過程吧!最早的人類需要安全的棲身地,還談不上任何形
式的科學發展。漸漸的,為了狩獵、耕種而有最原始工具的發
明。在耕種方面,除了石鋤、石斧(其實就是物理學的力矩和
力臂的觀念)的發明之外,就是親手下田去摸索。有些植物的
繁殖方式是靠種子,另一些是靠分株⋯⋯等等,早期人類絕對
不是先知道這些繁殖方式再進行農耕的,有點靠意外發現。這
些意外的發現在累積一段時間後才有人加以分類。狩獵方面是

先有一些粗糙的陷阱、工具，才慢慢有科技的發明。就算是現在滿天飛翔的飛機在這個世紀初期，也只是一種人們取笑的對象之一；但是經過長時間的經驗累積和戰爭的需求而快速發展成為一項可靠的交通工具。這就是科學演化的事實，它也可以是科學教育的主流。

對於自然科學的各種認識，也因為各個時代的儀器限制，而有重大的變更。孔恩指稱這樣的變更為科學典範的轉移（Paradigm shift）。而各時代對自然科學的認識或所堅持的論點，就是該時代主流典範（Mainstream Paradigm）。信誼出版社所翻譯出版的《天動說》，就說明人類對整個宇宙的看法是由天圓地方，以地為主的科學觀；進展到地球是球形，但仍是宇宙中心的科學觀；慢慢地，發現地球會轉動；甚至地球是以非常快的速度自轉，並且繞著太陽公轉……等等科學觀。對於孔恩的典範轉移，我們可以用皮亞傑的同化和內化來作教育上的解釋。由一個主流科學典範進展到另一個新典範思潮常常造成科學界的爭執，甚至鬥爭，哥白尼、伽利略、牛頓、愛因斯坦就分別代表近代著名科學典範的人物。

當我們將科學發展史應用到科學與科技教育，將發現幼童與大地的互動（特別是他們生活周遭的環境）有助於自然科學的學習，而且這種人與環境的互動通常不是可以預先安排，而是亂亂的。幼兒園及國小低年級幼兒常常玩砂、玩水、在草地上奔跑，是屬於這一階段。這一階段如果能讓學童嘗試在校園的一角耕種，但不預設一定耕種成功，更有助於學童對大自然的敬畏，以及了解植物整體而言對自然的貢獻。一些森林小學

就安排這類的教學活動，可惜仍然過於強調科學的農耕方式。這種呼應早期人類在土地上「摸索式」的耕種，絕對能讓學生發現學習的樂趣。

至於植物的繁殖，動物的分類，也是經過許多嘗試才有今日的科學觀。協助學童認識植物的繁殖時，如果能以包容的心讓學生多方嘗試，將會使學生對各種繁殖方式和各種植物之間的對應有進一步的認識。史坦堡就指出非洲一些原住民對於植物的認識是以功能為依據的，而不是依據科學分類方式學習；這樣的學習反而讓這些原住民對於植物有更深入的認識。**費曼也指出認識動植物的行為反應遠比認識它們的學名重要。**多數老師指導學生時，通常抱持著專家指導方式，雖然可以控制進度，卻讓學生失去「總算成功了」的興奮。至於植物、動物的學名是在近代生物學穩固之後才固定的。（在沒有這些學名發明之前，這些植物不也長得很好？何況多數人不認識植物名稱時，植物也長得很好啊！）所以生物教學應先強調它們在整個環境的角色、功能，再慢慢分化。也就是以生態學來教生物是比較理想的，至少在國小及國中階段。其他科學領域的學習也可以採用類似的方式進行教學，將會有意想不到的學習效果。

另一方面，考慮到孔恩所提的典範轉移，皮亞傑也指出同化、平衡、內化的學習方式，我們面對國小學生時應該像對待一群具有不同前置經驗的人來教學。換句話說，在進行任何一個單元之前每個學童的原始概念〔Naive Concepts，或稱迷思概念（misconception）〕，若沒有先診斷出來，並提供管道讓他們做典範轉移，或沒有向他們的迷思概念挑戰，學習到的祇是

膚淺、片面知識的記憶，而非有意義的學習。心理出版社的
《數學教育的藝術與實務：另類教與學》是由輔導數學的烏瑞
香老師和林文生校長共同研究的數學建構圖書。這本書就強調
老師要有忍耐的功夫，等待學生自我發現的愉悅，才是真實的
學習數學概念。

　　如果要訓練學生為未來的傑出科學家，更不是傳統灌輸教
學所能達成的。它需要讓學生對科學產生懷疑，並以質疑（in-
quiry）的方式探討科學。換句話說，就是科學教育所強調的批
判思考（critical thinking）及反省思考（reflective thinking）。
這些都是每位科學家所具備的基本素養，可惜我們常常祇著重
每個科學家的發明與理論，卻忽略了成為科學家所需要的要
素：科學態度的培養。

　　以上將人類在科學文明進展和科學教育的功能做對比。其
他文明領域的各個項目也都有類似的功用。盼望這樣的對比能
協助國內在各級學校課程大綱的規畫，以及在各個學校落實教
育改革。至少在語文科教學方面，閱讀復甦就是採用類似的方
法，讓學童在極短暫的時間內自然而然地學會第二種語言（請
參閱《全是贏家的學校》）。

建構教學和學習循環

　　建構教學是依據皮亞傑的認知發展所延伸出來的一種教學
理論。它強調學生的學習是由他們自己建構起來的。如果將傳

統教學和建構教學對比，更容易了解它們之間的差別；傳統教學時老師的角色就像是銀行的櫃檯員（teller），他們負責學生的存、取款；學生存款少於某一數量時就由老師主動要求學生要再存款。所以必須由老師獎懲學生的學習，學習由老師推動。建構教學時老師是位土壤翻鬆者（tiller）；老師將學習的土壤翻鬆，並且主動邀請學生來到這樣的學習土壤上播種。至於學生要播什麼樣的種子，種子何時要發芽，也不是老師可以用強迫方式威脅的。老師在建構教學時所要強調的，除了將學習的土壤鬆動以外，就是適時地灌溉以及調節陽光的強弱，或是移除妨害種子生長的因素。所以傳統教學時教師扮演著生產線上的品管員角色，他們要剔除不良的產品。建構教學的教師是學生學習的觀察者、協助者、輔導員。

　　如果我們仔細分析兩者的角色將不難發現這兩個角色正好配合不同時代的需求。直接講述教學是工業革命後的產物，特別是在前蘇聯發射無人太空船到月球後刺激美國急起直追。當時美國和前蘇聯是冷戰期間的兩大對立強國，如果美國在科技發展上輸給前蘇聯所可能造成的災害是無窮的，全世界也可能陷於共產主義的統治，所以美國科學界才拋棄「傳統教學模式」（在那之前的教育是很值得探討的一門學問），改採精熟學習模式，就是希望能在最短的期間內找出最適合從事科學研究的專業人士，縱然在千百人當中只能找出一個人而已，也是值得投資的。至於一般民眾的學習權利當然就在國家利益的考量下被犧牲了。

　　但是冷戰早已結束，前蘇聯也瓦解成為許多小國，更重要

的是資訊時代的來臨，對立的敵人已經不再存在。相對的，每個人要超越的並不是同儕的競爭，而是和昨日的自我競爭。所以才會有學習型社群的出現，也就是每個人都要隨時主動吸收新的知識和技能。資訊時代的來臨象徵著直接教學的終結，因為知識和技能的吸收即將由新的科技產品所取代。老師必須自我調整，這樣的自我調整最主要的就是將老師的角色定位在學生學習時的協助者，而不是評量者。我更認為老師是學生短暫的評量者，學生則是老師一輩子的評量者。顯然，老師要隨時為教學專業充電以外，更要以建構教學模式進行教學。

教學法和婚姻觀的對比

　　我常將直接教學法和建構教學法用類比方式去和婚姻觀點對比。直接教學法在婚姻觀點上和傳統的婚姻相當接近，建構教學法則和自由戀愛觀點比較接近。直接教學法中的老師角色就像是傳統婚姻中的男人，結婚後所須負責的是盡快讓太太懷孕。如果女方生不出小孩，也一定是女方生育系統有問題，所以男人可以再娶二房。女方在傳統婚姻制度下是沒有聲音的一方，只是男人的附屬品。男人可以搞外遇，但是女人如果有任何外遇就必須接受村人的唾棄。在這樣的情況下，聰明的女人在相親時就會以各種搞怪方式讓男方討厭她。這不就像是學生如果不喜歡上課時，只好在班上搞怪一般嗎？女方能否生個兒子在傳統婚姻當中其實就代表她的男人是否能幹；直接教學法

中，學生是否能出人頭地不也常常是老師教學能力的一種指標？這是我認為傳統婚姻和直接教學有相似之處。

　　建構主義強調的是佈置教學情境，老師要邀請學生到這樣的教學情境學習。這樣的現象不是和自由戀愛雷同嗎？自由戀愛時，通常由一方採取主動設計情境讓對方注意到自己對對方的好感。一旦雙方有意進一步交往，就會有密切的接觸，而這樣的接觸不管在心理、生理方面都是有層次的。先是彼此牽牽手，約會一起看電影之類的活動，這會讓雙方在生理和心理方面有更深的了解。交往中更可能因為雙方不同的認知而爭吵，原本親密的關係也會因此而緊繃。建構教學也同意學生有權利可以自主學習。既然強調自主學習，當然學生可以控管自己的學習進度，而不是由老師一人單獨控管。所以我認為自由戀愛和建構教學有相平行的關係。

學習循環

　　學習循環（learning cycle）指的是 Lawson（1995）所提的教學模式。完整的學習循環必須包含以下四個階段：吸引學生興趣（engage）、探索（explore）、介紹（concept invention）和應用（application）。有些文獻則將最前端的吸引學生興趣階段省略，而只有三個階段，例如愛荷華州出版的《展望》（outlook）就是以三個階段完成學習循環。

　　不管是三個階段或是四個階段，都是將直接講述的教學法

加以**顛覆**。老師在向學生介紹觀念（或是概念）之前，只以簡單的活動（或稱為佈題）吸引學生學習的興趣，例如採用和學生原先想法相差甚大的示範，讓學生對學習產生興趣（第一階段）。在探索階段，學生通常只被告知一個實驗或是學習的方向，例如酸鹼指示劑可以以校園植物或是紫色高麗菜替代（我傾向於讓學生運用校園植物進行學習）；學生可以利用校園植物進行實驗。當全班學生將手邊的校園植物都實驗完之後，接著就進行全班或是小組的討論，這樣的討論其實就像是科學家在研討會上發表文章，或是進行辯論一樣的作用。當學生提出一些假說後，還可以讓學生再去針對他們的假說加以驗證，做第二次、甚至第三次的實驗證明。直到學生能夠提出較接近真實學理的論點時，老師再針對學生的認知發展做概念的介紹，也就是第三階段的學習。一旦學生了解花青素就是許多校園植物可以被用來替代酸鹼指示劑的原因後，老師還要做的工作就要依據學生的興趣、認知發展，和能力繼續往外推理如下：

　　既然花青素是決定植物可否擔任酸鹼指示劑的原因，那麼花青素只有一類，或是像維他命一樣種類繁多呢？如何在現有的實驗設備限制下萃取花青素，好讓學生可以自製酸鹼指示劑，甚至規畫行銷管道？花青素在不同酸鹼的條件下又是如何變色的？這些變色反應是物理變化，抑或是化學變化？學到了哪些校園植物可以用來替代酸鹼指示劑以後，學生還可以運用剛學到的知識做什麼用？最後一個問題是屬於「我知道了又怎麼樣（So What）？」之類的探討。對於天生是科學家的學生而言不見得很重要，但就像是學會了繪畫後對於科學家又有何功

能一樣，是一般學生在學習科學時必有的問題。老師如果不能協助學生將心中的這一問題解開，學生很可能對於學習內容產生遲疑或是排斥現象。

　　類似於花青素的反應也都可以在其他領域的學習看到，重點在於老師必須設計一個學習情境讓學生能夠有自主學習的空間。既然是自主學習，當然會有些微的混亂感覺，也就是我所談的「讓學生在自主學習時有點胡搞瞎搞的時間」。這樣分析下來，不難發現學習循環和建構教學之間的密切關聯，兩者有平行的關聯。胡搞瞎搞的時間不就是建構教學時學生的自我探索時間嗎？建構教學也不該在學生學到某些概念後就立刻停止教學，而是要讓學生了解所學到的知識、技能在他們日常生活有什麼功能，才能夠讓學生將新學會的知識、技能內化為自我的能力。所以採用學習循環就是一種建構教學模式，也是和人類文明發展有密切關聯的教學模式。這種教學模式的推動可以讓所有學生的學習潛能發揮出來，絕不是只在幫助平庸的學生而已。

　　所以，建構強調學生自主學習和發現的過程。在學理的學習上並不是很重要，這是因為科學和科技的發展日新月異，幾乎所有的學理都等待下一個更新穎的學理推翻或是修正原先的學理。所以如果學生認為他們所學的學理是永遠的真理時，就不會對學理產生懷疑，既然不會產生懷疑，就不會有機會更新學理了。所以建構教學其實也必須強調讓學生對於學習產生質疑。

環境教育的新定義

　　對於絕大多數的民眾而言，環境教育就是環保教育，也就是資源回收、垃圾分類的另一種說法。這是一種窄化環境教育的做法，也讓國內的資源回收蒙羞；例如國內的廢紙回收比例是全世界最高的，但是因為回收管道的封閉而造成回收垃圾無人要的情境。最近要全面開始回收的廢電池也因為沒有處理方式而採用境外處理，也是錯誤的政策。這些不在本文探討範圍，可以參見我對於環保教育的文章。

　　如果因為科技的發展或是文明的進展，許多東西有嶄新的功能，那麼環境教育在國內也該是有新面貌的時刻了。隨著時代的需求，環境教育也歷經了幾個階段的發展：保育教育（conservation education）、戶外教育（outdoor education）、自然學習（nature studies）、污染教育（pollution education）、資源回收教育（recycling education），和永續發展教育（education for sustainable development）等階段。一些環境教育學者在推動所謂的全球思考、在地行動（think globally, act locally）多年之後，發現這種理念雖然很好，卻容易陷於談高調的空泛理想，甚至讓參與的學生產生嚴重的無力感。逐漸有學者提出在地思考、在地行動（think locally, act locally）的「生物區域主義」（bio-regionalism）。

　　另一方面，一些學者在深入探討目前的國中、小課程之

後，發現這些課程含有非常多的人工添加物。具體地說，現行的課程實際上和學生的日常生活嚴重脫節，是一種非常不自然的課程。然而人類的所有學問原本是向大自然學來的。當學習和大自然脫節，不只讓新的科技危害自然生態，更讓學習變得枯燥無味。環境教育早期的一位領導者、《砂地郡勵誌》的作者李奧波（Aldo Leopold）甚至認為，任何一項科技發明如果不是協助人類適應自然生態的需求就不是好的科技。所以有些環教學者提出「運用周遭環境因子當作課程統整的工具」（using the environment as an integrating context for learning，簡稱 EIC）。

不管是生物區域主義，或是運用周遭環境因子當作課程統整工具，他們都強調運用學生生活周遭的環境當作課程的重點。許多環境教育學者對於這項新的訴求還不太熟悉，以為這樣的訴求將破壞環境教育原來的面貌。這其實是對於環境教育的窄化觀點所造成的現象，因為他們認為環境教育中的環境就是自然環境的代稱。但是由歷屆聯合國教科文組織出版的環境教育報導，都可以見到「環境教育」當中的環境兩個字不受限於自然環境。環境教育當中的環境包含了人工的環境和自然的環境、社會的環境和經濟的環境等多面向的環境。換句話說，環境就是任何一個人生活周遭的一切，甚至包含一個人所穿的服飾都是那個人的環境。所以環境教育從最早的定義（1972 年於貝爾格勒），就已經明白指出它所涵蓋的是超越自然環境的保護而已。

顯然，環境教育因應時代變遷也該是有新面貌的時刻了。這個新的面貌就是「運用周遭環境因素當作學生學習的工具」

的一種教學模式。新的面貌不只涵蓋舊的領域，更能同時增進學生的學習意願，也能讓參與學習的學生對於環境保護因為參與而產生有力感。

新的環境教育與建構教學

老師可以採用新的環境教育方式讓學生和生活周遭的因素進行學習，而教育主管單位只須負責規畫課程大綱，然後授權給老師依據課程大綱配合各地環境因素加以闡述，學生的學習就會有意義。這樣的做法也符合目前所強調的九年一貫教育需求（學校本位的課程發展），除了可以加強鄉土教學（我對於鄉土教學和環境教育之間的分野並不十分清楚，懷疑這兩項只是名稱不同罷了），還可以提升教師的專業能力（自己設計、執行，和評量課程內容），甚至因此讓學生對學習產生興趣並能主動學習，才是教師自主的完全落實。

新的環境教育就是希望老師能充分利用學校校園，以及學校所在地的附近社區當成學生學習的中心。換句話說，傳統的教室將成為學生寫作時才必須坐下來的地方，未來的教室將回歸到學校所在的社區為主，偶爾配合一些到遠地的校外教學。對於很多教師而言，這樣的做法是很難理解的，因為他們當學生時的情形不是這樣的。但是從前的獸醫所學的主要是針對家畜的生產（像是牛、羊、豬之類的家畜），不過因為社會變遷，現在的獸醫除了醫藥功能以外，最好還會一些寵物美容的

技巧。這是時代快速變遷下的應變措施，相信教師這一工作也必須了解這項應變措施的時代需求：一項工作的新需求不見得和十幾、二十年前一樣；而是要視時代變遷調適。

環境教育的課程統整性

老師若能充分利用學校社區為教學的主要工具，一來因為這些地區和學生生活有密切關聯，所以會使得學習變得有意義（也就是課程生活化）。第二個優勢就是學生因為就近學習，就有機會可以反覆嘗試，使得學生可以獲得較大的學習自主權〔也就是學生為中心的教學（students-centered）〕。第三個優勢則是這樣的學習和學生未來工作的性質相當接近，是一種整合性的學習（integrated curriculum），這樣的學習能夠讓學習的內容在學生的腦海佔有較長的時間，這是腦部研究所得到的學理依據。這類教學早在六〇年代已經研究過，通常以核心課程的方式呈現，這是環保署近來所推動的「舒適環境地圖繪製」的理論依據，也完全符合環境教育的原始理論「環境教育的教學目標有五項：覺醒、知識、技能、評量、參與」。換句話說，學生生活附近的社區將因為學生的學習，而獲得改善的機會。當學生發現他們的學習有這麼大的功能時，將有更多學生投入真實的學習。這樣的學習以及它的副作用，是不斷改變的動態平衡，而不是靜態地、被動地接受成年人為學生安排所有學習事項的傳統方式。這樣的學習其實也就是市民主義的落

實，所以新的環境教育也同時涵蓋了公民教育的功能。北海幾個小國的環境教育就是以公民教育為切入點，強調所謂「行動能力」（action competency）的訓練。

但是新的環境教育和其他科目的關聯其實更重要。原本環境教育和其他所有的推廣教育有類似的功能：它們多數具有課程統整的功能。所有和環境教育有關的文獻都指出它具有課程統整的功能，也因為這一點，所以過去大都以配合現有課程的教學為主，用融入式將各個環境問題融入現有課程。但是這樣的作為至少有兩個缺點。首先，一些學者指出，在現行國小課程裡已經有非常多的環境相關概念（陳是瑩等人，1991）。但是因為相關聯的課程大都出現在不同的年級和不同的科目，所以學生很難自己將相關聯的環境議題整合在一起。而且反覆地出現相關聯的環境議題還會浪費學生的學習時間，是一種不符合時代需求的學習〔現在強調的是：少即是多的學習（less is more）〕。既然目前的課程已有許多環境相關題材，要探討的可能是為何在這麼多環境題材的教學下還無法達成它的教學目標，而不是將各個環境議題繼續以融入方式納入國中、小課程。

另一個缺點則和環境議題的討論有關。不少教材的出版是要協助老師勝任環境議題的探討，記得在一次環境教育論壇時，就有一位國小教師提到他讓學生探討臭氧層破洞的環境議題，而使他產生嚴重的無力感。對於國內的國中、小學童而言，從他們出生就沒見過台灣的美好。如果我們還假設他們對於環境污染都不了解，可能是錯誤的假設，至少他們可由有線

電線的節目見到先進國家的高級環境品質。所以我們在教學時可能要**強調發現台灣的美麗**（就像書上一直強調台灣曾經是福爾摩沙，是個美麗之島；但是現在的學生卻沒見過台灣的美麗），而不是去強調各類污染的嚴重性。而且環境議題雖然具有爭議性，但他們通常都以「問題」爲主。讓學生接觸太多成年人無法解決、卻盼望小朋友解決的問題，似乎是緣木求魚。有些學者甚至指出，目前的環境教育措施是要學生解決成年人無法解決的問題，也就不是不能理解的觀點了。研究不是指出，學童過度暴露在噁心的學習狀況下是會給他們帶來壞的影響嗎？美國一位學者甚至要學童到森林中學習，卻意外見到學生的強烈反彈；經過溝通才發現這些小朋友認爲森林中到處充滿怪獸，是令人害怕的處所。所以環境教育在國內似乎要朝著讓學童發現他們生活周遭「竟然」還有美麗的社區爲主。

所以，融入式的環境教育可以影響少數幾位擁有輔助教材的老師，卻無法推廣。另一種方式則是從課程發展直接思考環境教育和其他所有推廣教育在整體課程架構的地位。這也是目前九年一貫課程當中所強調的做法，但是最後會如何呈現就值得期待了。

環境教育與教學科目的交集

研究指出環境教育和自然科學、社會科學有密切關聯。學校教師也大都會在這兩個科目的教學時，以機會教育的方式執

行環境教育。國內學者的研究則認為環境教育和生活與倫理、
健康教育比較有關聯，或許跟國內一直將環境教育和環境衛生
畫上等號有關係。早期國內推動環境教育時，依據學者楊冠政
的說法，就有不少行政人員認為只要多買幾把掃把清潔環境衛
生就好了。國內近來推廣環境教育，防止登革熱病媒蚊的散
播，檢查學校的飲水機安全，和突檢各個公共廁所等作為，也
還呼應這項訴求。更新的做法是將實驗室安全也放進環境教育
推廣項目上，不也呼應這樣的觀點？

　　除了和學校科目相關聯以外，環境教育也和許多推廣教育
有密切關聯。由於電腦資訊的快速發展，環境資訊也透過電腦
連線和全世界各地關心環境品質的地球村公民分享。具體的例
子就是全球環境監控（Global Learning and Observation to Benefit
the Environment，簡稱 GLOBE），和全球河川環境教育網路
（Global River Environmental Education Network，簡稱 GRE-
EN），這兩項環境教育推廣活動都強調世界各地的參與者在他
們所處的地區監控各項生態環境指標，並將這些指標數據透過
電腦連線與世界各地的地球村公民分享。現在更有相關的討論
群可以讓學生直接上網和其他地區的民眾討論，所以環境教育
和資訊教育的推廣絕對相關。又例如老師提供機會讓學生和其
他地區的學生討論，只要討論群挑選好，就可以將環境教育和
第二外國語的學習完全結合。許多大學生喜歡上網玩 BBS，就
是這種立即反應所帶來的刺激，讓他們樂此不疲。所以結合環
境教育和語言教育是有絕對的優勢，但是先決條件是各個教師
都擁有連線的網路電腦。這樣的結合也同時讓學生了解世界各

國的情形；換句話說，就是國際理解教育。日本一位博士班的
學生就指出，在日本推動國際理解教育其實就是英語教育的化
身，雖然策略錯誤，卻也指出環境教育和外語教育、國際理解
教育的相關聯。

　　環境教育在丹麥則是另一種情境。丹麥的環境教育學者指
出，他們將環境教育和法治教育、健康教育結合在一起。前兩
項的結合其實是有脈絡可循的。國內一些工程廢土四處亂倒，
甚至倒在尚未完工的施工地點（高速公路、住宅區、農田都見
得到工程廢土的堆積）。這些都說明法治已經快要蕩然無存。
小一點的環境議題像是校園內的老樹常常在校長的不當措施下
被砍除了。老樹的砍伐在許多國家是需要徵求政府同意的。我
國正在邁向已開發國家，當然會朝這一方向前進。所以環境教
育和法治教育有關。

　　當然還可以對各項推廣教育和環境教育之間的關聯加以闡
述，例如水土保持教育、資源回收教育、能源教育、交通安全
教育、鄉土教育、休閒教育等等。當老師將這些教育拆成一片
片成分進行教學時，常發現學生學習時的枯燥。如果能耐心等
待，這些教育就能讓學生對學習產生興趣。這也是環境教育可
以功成身退的時刻。

新的環境教育落實方法

　　前面提到新的環境教育是要以學生生活周遭的社區、校園

為學習的主要場所。不少老師害怕學生在社區會閒晃，或是遭受不必要的騷擾。這是實施新的環境教育早期的顧慮，但是絕不能因為這項顧慮就不去實施。學生當然可能會利用老師讓他們到社區的時間玩耍。但是這幾年的教學經驗發現，**學生想要佔用上課時間玩耍或是在外閒蕩的慾望，其實和他們過去受到制式教育的壓力成正比**。具體地說，學生在進入師院之前受到師長的升學壓力越大，他們就越可能想要竊取上課時間做一些他們想要做的事情，縱然那些事情對他們自己根本毫無意義也沒關係。另一方面，學生在課外活動所投注的時間，遠遠超過他們在課堂上投注的精力。這也說明學習態度的重要性遠大於學習內容的充實與否。

學生在社區是否會遭受不必要的騷擾是每位教師所擔心的事情。但是如果我們也仿效日本早期的「舒適環境地圖繪製」，讓學生針對他們在社區的學習提出改善社區的計畫，並由社區民眾共同規畫改善時刻表，這樣的騷擾就會逐漸消失。否則就算是把所有的學生都關到校園裡，有些學生還不是遭受一些無聊人士的騷擾，甚至才離開校門就被綁架。會有無聊人士在社區徘徊，其實也說明這些民眾不滿意政府的施政。日本的國土規畫就是由國小學童規畫出來的，美國的氣象資料也多靠各地的義工提供的資料完成的，這都說明當民眾被重視時就會產生責任感。所以社區化的學習就會減少學生遭受騷擾的機會了！

一旦學校能讓學生的學習回歸到社區，甚至向大自然學習，學生就會學習自主。老師的角色就要做大幅度的改變，老

師不再是知識的權威，而是和學生一起向大自然學習的一位學習者。老師和學生主要的差異是老師可以規畫學習的重點，並協助學生找尋合適的資料。所以老師將是一位協助者（facilitator），由於他們以身作則地主動學習，讓學生更加喜歡學習。美國有一種學校就強調老師在教學一段時間後會倦怠的主要原因之一，就是老師沒有在教學時自我充實，沒有以身作則，學生就覺得老師自己都沒有讀書，為何要求他們要讀書呢？學生一旦有這觀點，就會影響教師的教學工作，讓老師產生倦怠，老師的倦怠又影響學生的學習，造成負面的惡性循環。

當老師能和學生一起成長時，他們需要做的是規畫學習方向，並在適當時刻和學生討論學習方向是否正確。至於學習的內容是哪些，一方面可以參考課程大綱的總架構，一方面考慮當地的特色加以安排。六〇年代最擅長課程統整的學者指出，課程統整的最高境界就是老師和學生共同開發出來的課程，或許就是這一階段的代表了。

結語

常言道，教育反映國家政策，更是一個國家的實力。目前我們知道國內的教育千瘡百孔，要全民一起來，讓每個人都能享受快樂的教學環境，進而培養全民樂於學習的態度。有感於純粹教育理論不適合一般民眾理解，故嘗試用另類方式表達，盼能達到教育改革的目標。

參考文獻

Lawson, A. E. (1995). *Science Teaching and the Development of Thinking*. Belmont, CA: Wadsworth Publishing.

$$\frac{3}{\blacktriangledown}$$

教學日誌紀錄

　　和一般行動研究不一樣，我認為一般老師在執行行動研究時可能不知道要記錄哪些事項，所以將個人整個紀錄都呈現出來；這是比較偏向報導文學的寫作方式。我個人認為老師在聽到許多專家學者提出行動研究時，大都只看到很專業的內容分析。但是在推動行動研究的起步，如果要求老師也做到和專家一模一樣，將會把老師嚇壞，而不願意嘗試行動研究。其實行動研究的目的是要改善老師的教學專業技能，透過教學上的反思紀錄，也一樣可以達成同樣的目的。等到這些成長紀錄資料都很充實的時刻，專業的老師在發現自己的教學成長之後，可以決定要不要將這些紀錄整理成為行動研究的標準模式，發表和其他教師分享專業成長的過程。所以行動研究對我個人而言，是為了學生的真實學習作紀錄，而不是為了我個人的研究計畫收集資料的一種過程。有沒有出書發表觀點不是最重要的，我的學術聲望是否因而提升也不重要，我最在乎的是每個學生是否有真實的學習。底下就是我記錄這班同學的學習經驗，以及我對於他們在學習期間的觀點。

教學紀錄

　　剛知道要接這一班的普通化學課程時，我是相當地無奈！全國正在努力推動小校小班教學，我也參與了一項小校小班的計畫案（實際上是多元智慧論）；但是學校（或應該說是教育部）卻要我們在剛交出去上學期的期末成績時，就又馬不停蹄

地接下一班。縱然每一班人數不多，但因為長久授課，卻缺乏充電時間，不就像是橡皮筋用久了也會疲乏的嗎？所以當化學科召集人和我談這件事情時，我希望她能找到願意教寒假班的人選。不幸的是竟然是兩班，還好後來有老師自願接另一班，否則我這一寒假不就要賣給學校了？

後來又有一個機會和國際珍古德學會中華民國分會的郭小姐聯絡，知道她們想要培訓教師，卻苦無講師人選。我想一想，既然要教這班了，也不會差幾個學生，所以就爽快地向郭小姐提到結合初等教育轉學班的課程和他們所要培訓的種子教師在一起的構想。很快就獲得她的同意，並且在非常短的時間內向種子教師發出邀請函；但大概是因為公函上寫著「普通化學」幾個字，把一堆有志於鄉土教學的老師給嚇跑了，參與的教師人數並不多。也好，否則這一班就要爆滿了！

2月1日

第一天上課我還是頗緊張的。緊張是有原因的，一來有珍古德學會的種子教師，我也不認識他們，他們會用什麼態度來上課只有天知道了。第二，還有鄰居的小孩來上課，記得上課之前還特別交代玉蓉（我的研究助理）去帶小朋友來上課；我在課堂上應該用小朋友的語氣或是大人語氣上課呢？傷腦筋！其三，我沒見過這班學生，歷屆學生在還沒見面之前總是令我緊張萬分，何況是寒假的短期訓練班！

我先要每位同學拿出一張紙條，在紙張的正中央寫著化學

兩個字,然後將他們對於化學的任何聯想都寫在紙張空白的地方。這是我需要的「實驗前」心智圖,代表著他們還沒有接受我的教學模式之前對於化學的感受、知識和技能。在收集了他們的前心智圖之後,我發給他們一張「活動單」,活動單上面寫著將近二十項我的教學理念,或/和學習的單元。活動單一來可以協助我更加了解這班學生的特色,二來可以讓學生彼此學習;它同時也提供學生一個機會對於整個學期的學習全貌有所認識。等學生完成這些活動單的填寫之後,我們探討各個活動單元的解說和經驗分享。我也藉機會讓學生了解實驗室的安全問題必須靠每位同學的合作(利用酒精槍的示範)。

完成酒精槍的示範以後,當我觀察到一些同學的注意力慢慢降低時,我就讓他們透過鏡中描圖像的活動,體會兒童學習新事物時的困擾。鏡中描圖的活動是讓每位學生先在紙張上描繪自己喜歡的圖案,然後取一面鏡子遮住自己的視線,描圖者只能夠透過鏡子中的影像,去描繪原來的圖形。可以在科博館見到類似的活動。我再引導他們思考這一活動的目的,以及解決困擾的各種方式。我希望透過這樣的活動讓他們體會學童的學習困擾,和考慮不同教學方式對於學生的學習可能產生的影響。

等我結束課程後去鄰居家,才知道小朋友覺得浪費了三小時在我的課堂上。我也不能因為鄰居而犧牲了我的班級,但是在晚間我也向他們的爸爸道歉。第一次和這班學生見面當然就像是國小開學時的忙亂,不太可能立即進入狀況。學生這邊也透過他們的導師向我求情,看能不能減少期末作業的分量,或

是讓他們導師上課時借用我上課時間。其實如果他們導師能夠借用所有課程時間，我將會感激萬分的！當然啦，第一天也是我溝通教學理念的時刻，所以用掉很大比例的時間講解我的教學理念。在示範酒精槍的時刻，我輕鬆地了解班長對化學有一種莫名的恐懼感，因為她對於裝酒精的寶特瓶都不敢摸一下。在她對於化學的想法那張紙上也寫著「考〇分」。很明顯的，在她過去的化學教育應該只有負面的感受吧，可憐的她！

2月2日

　　第二天的課程應該有一種漸入佳境的感受吧！說完一些理念和今天的實驗過程之後，就開始今天的實驗：自製酸鹼指示劑。實驗的原理是由石蕊試紙的製作出發：它是一種來自荷蘭的地衣所萃取的汁液染成的。既然石蕊試紙這麼製作，為何不嘗試校園內的各種植物呢？只要某個植物的汁液在加入酸鹼之後，呈現不同的色系就是可以考慮的替代物。為了結合生活，我還提醒他們將一些葉子放入不同濃度的小蘇打水溶液中，以便在幾天後作葉脈標本。小蘇打水溶液還是學生幫忙一起配製的，感覺不錯！

　　實驗進行到一些組已經「結束」實驗時，我就提醒他們是否能夠在各組所得到的初步結論中找到通則，我也說明這些通則目前仍未經考驗，所以應該是邪說。如果能進一步找到更多的植物證明他們的通則，那麼他們的通則就很可能會從邪說演化成為學說。我特別提到最近聽了曾志朗教授和史坦堡提到的

「理論是要被推翻用的」這樣的觀點，試圖鼓勵他們在實驗時多具備一些實驗精神和勇於發表他們所觀察到的現象和可能的解釋。

由於是用學習循環的方式進行教學，和老婆談過幾次的經驗是「必須再將整個過程和一般教學法不同處向學生說明，否則他們會只用了半套模式」，所以也在學生前面說明這一種教學的三個階段：探索、介紹和應用。滿好玩的，今天的介紹是透過英杰所提的「好像是紅色的必較好用，綠色的沒效果」這一觀點為基準，我問同學是否有任何組實驗時有不同的結果，結果有兩組的茶花有不同的結果，但是其他組卻得到與其相反的結果。嘿！好玩。我也介紹了將這一結果應用到日常生活的可行性：隱形墨水的製作、酸鹼指示劑（試紙）的製作等等。至於將這樣的實驗帶到國小讓學生當成科展的過程我也詳加介紹：先以定性方式進行、再進入定量，最後進入廣用試紙的製作等等。

2月3日

早上要醒不醒的時候，我突然想著今天上課的情境佈置。我該不該將昨日的戶外戀愛邪說繼續延伸呢？該不該將明天可能要購買的物品先在黑板上寫出引導的方式？昨日我引導他們學習的方式是否也可以再加說明呢？看他們昨天下午有幾位圍繞著金華（比他們大一屆的學生），一直問著作業的最佳寫作方式，就可以了解他們對於能不能過關是比對於課程的了解還

在乎。這是否也說明他們有一個理念，也因此會將這一理念傳給學生：只求分數的高低，但對於學習卻可以不求甚解？唉！同事經常抱怨我將化學的教學和教育混在一起談，但是我卻無法將化學的教學和一個公民的教育完全分開來。換句話說，對我而言，任何一科的教學強調的應該是那一科目和其他科目的連結，好讓學生未來能夠有效的結合學過的內容；更重要的是要培養有責任感的學生才對啊！過去分科教學的模式已經培訓出一大堆科學怪人，或是其他科目的專家，卻只會加深「文人相輕」的現象，最後是一群能夠分工、卻談不上合作的「專家」。

上課時，我當然就將以上的想法和班上同學分享。我也講了動物王國的故事（一個強調基本能力的培訓，最後卻什麼也沒達成的故事，可以在黃政傑的《教育的生路》看到類似的故事情節；它說明適性發展的重要性），以便讓同學能了解學習的重點在摸索。我更將戶外教學的戀愛邪說（結合著名的一首曲子：〈What a Wonderful World〉）加以闡述，說明知識的相對不重要。

課堂上，有一位同學將自己在中和國小上課的女兒帶到教室來上課。我趕緊要小犬去找他的好朋友來教室作寒假作業的自然科作業。（機會難得，不幫兒子找機會還當什麼爸爸！）決定今天上暖暖包是因為天氣真是夠冷的了，做了實驗還可以取暖。我的教學經驗告訴我，學生經常將暖暖包可以達到的最高溫度和實際使用時可以達到的溫度混在一起，所以決定在黑板上畫圖加以說明。在圖形上我畫了暖暖包在實驗時因為攪拌

（就是增加氧氣和暖暖包接觸的機會）而溫度逐漸升高的溫度vs. 時間圖；然後在旁邊以 H ＝ MST（分別代表能量、質量、比熱，和反應前後的溫度差異）說明暖暖包經過反應後所釋放出來的反應熱可以在非常短時間內放出來。如果溫度差異不是很高，特別是因為暖暖包的包裝材料會限制一些物質的進出，所以暖暖包的內外溫度差異不會很大，就可以維持比較長久的時間。我很少這樣直接講解得這麼清楚過，但是過去的經驗告訴我，學生經常會以為暖暖包如果達到攝氏七、八十度，就會燙死人的。換句話說，學生會害怕做出過高的溫度，直到有學生問我問題時，我發現我還是沒有將觀念講清楚，所以就以比較簡單的觀念：溫度乘以達到最高溫度的反應時間就可以當作熱量的相對質。

　　後來，小犬帶了兩位同學來，我就要他們到教室後面找一個位子作實驗。不出我所料，他們對於操控變因還是沒有概念：雖然他們也懂得改變各個成分的相對量，但是在總重量三十克的暖暖包重量當中，竟會將水或是鹽的分量調到二十七克。顯然他們對於操控變因只了解到可以改變操控變因的數值，但是對於改變操控變因以達到實驗所想要達成的最佳組合沒有太多理念。也或許是因為他們到教室時我早就已經講解過了，不想再為幾個小朋友講解一次（時間上也不允許我再講一次，上課時我一直被許多同學問問題），所以他們才沒有搞清楚。

　　實驗後和同學檢討時，我點了幾位同學講一講他們的觀點。多數的同學不是針對黑板上的數據加以說明（例如英杰就

說好像鐵粉的量要高一點，鹽和活性碳的分量要差不多），就是說出他們的邪說（例如重陽國小的舒芬所說的：好像是鐵粉和空氣反應，水是催化劑，鹽可以保溫）。其實以他們目前的功力能夠達到這樣的觀念溝通已經不簡單，我也為自己該不該直接講解內容而困惑。或許學期結束時如有同學以這一單元為教學內容，就可以見到我的遲疑是否真確了。

上完課以後，雖有同學希望能夠帶走鈺茹或是金華（為了提供他們參考範本，我將這兩位的作品帶到教室給他們欣賞）的作業參考，但我還是相當堅持希望他們能夠尊重每位作者的著作權後，我想他們會以其他方式去要到資料的。

暖暖包的原理是透過鐵粉和鹽水的反應產生熱量，活性碳增加反應的空間。幾年前一位學生找到這一教案和我分享，我也實際去購買坊間的暖暖包回來用。從包裝上可以看到暖暖包的成分主要有：鐵粉、活性碳、鹽和水。我也將暖暖包拆開來，將內容物取下來秤重量。我們的實驗就是由已知的暖暖包總重量和個別成分開始，讓學生分組控制各個操控變因，並將各組的實驗結果列在黑板供全班參考。全班分享實驗結果，和《小牛頓》一〇七期的做法稍有不同。

2月4日

好奇怪，我已經不太緊張這一班的課程了嗎？或是因為我要到陽明山去帶領幼教老師「如何帶領幼兒進入自然世界」的課程。早上在陽明山上的感覺是我只是他們已經安排「很完

善」的課程內容當中的一顆棋子，也可以說是像極了傀儡罷了！或許我講得太激烈了，但是從教務處人員的談話當中，似乎只希望我能講解自然相關的知識就好了。我卻一直覺得要加強教育理念的溝通才能進行下一步驟。

回來後，真的已經很累了！老婆要帶孩子回娘家，小犬也要找朋友來上課，真是亂啊！上課前就見到蕙茹認真地洗地瓜，準備要烤地瓜當作副學習和犒賞學習的貢品。在簡單說明實驗過程之後，就進行實驗。似乎已經見到這一班的同學可以不必我在場的實驗課程了！不錯的一班。

（二月十二日補齊今天其他內容如下）：

過了不算短的時間後回過頭來看這一個寒假的「歷史」後，赫然發現今天的反思只有感受，卻沒有教學內容。我才了解學校幫我們安排這些賺外快的機會，**實際上已經讓我們無法真實地體會教學**，更不用說要我們做行動研究了。**會不會這就是國中小教師無法專業成長的主要原因呢？**老師每一天只有不斷地教學，或是處理學生的各種問題，卻沒有機會反思自己的教學，當然最後的結果就是教學如撞鐘，老師很可能和學生一樣盼望假期的到來。想想看，如果連老師都無法享受教學的樂趣，如何要求學生喜好學習呢？

好了，好像又是另一段感想了。今天的活動依照「反推法」應該是氧氣的製造。前天我已經先和這班同學說明今天所需的實驗用品：和豬肝相似的動物內臟類，和紅蘿蔔、馬鈴薯相似的那些埋在土裡的植物類（地瓜、蘿蔔、馬蹄、牛蒡等等），以及這些植物長在土上方的部位（地瓜的葉子、蘿蔔的

葉子等等）。

　　要求同學帶這些實驗用品到實驗室來的主要原因是，上一學期的自然科教育學系大一同學上這一堂課時是在下午上課，缺少許多有用的實驗物質，結果就造成那班同學比較缺乏這一實驗的體驗。**我喜歡行動研究的原因就是它能讓我在碰到類似的困擾之前先解決問題，而不是等到問題再次出現時才後悔怎麼又那麼倒楣。**

　　有了實驗用的物質之後，就是分別將這些物質切碎、搗碎。同組的同學則先將實驗器材組合好（蒟頭漏斗裝到三角錐形瓶上，外連一段塑膠管到廣口瓶，以便收集氧氣）。兩邊都準備好以後，就可以將實驗物質放到三角錐形瓶底端，再由蒟頭漏斗頂端倒進雙氧水。剩下的步驟就和一般的氧氣製造一樣，不在此描述。

　　這班有個好玩的地方，就是他們在描述實驗過程時的聯想力。例如舒端他們描述泡泡在蒟頭漏斗上上下下跑來跑去的樣子，竟然認為和新加坡的海底隧道一樣。英杰和蕙茹是今天主要幫忙其他組同學將實驗物質切好分配給各組的功臣。至少我見到英杰的手和我的手差不多，都有一塊白白的地方，顯然也是被雙氧水泡到的結果。

　　結論時我先請同學說明自己的論點；然後說明可以採用一種效果較好的實驗物質，分別切成各種大小來實驗效果。記得治瑛提到一位她的學生曾做過類似的實驗，但是卻沒得獎。我說明可能的原因是學生在結論時認為表面積的增加是唯一加快反應的原因（但是如果真是催化劑就不該和表面積有太多關

聯）。其實切碎（或搗碎）時，除了增加表面積之外，就是釋放存放於細胞內的那個關鍵物質，所以在結論的地方不可以過度地推論到其他實驗無法證明的地方。

這個實驗的主要目的是透過學生熟悉的一般生物性物質取代實驗室裡的二氧化錳，和雙氧水反應產生氧氣和水。其實雙氧水原本就是活性很強的物質，會自動分解成為氧氣和水，但是一般而言反應速度不夠快。加入二氧化錳就是透過催化劑的使用，讓反應加快。但是我不認為學生應該學習「很化學」的二氧化錳，反而應該了解催化劑的概念是比較重要的學習。只要是活體大都含有生物性的酵素，可以催化雙氧水加速反應，皮膚擦傷時用雙氧水塗抹會有氣泡就是在製造氧氣的反應。

2月5日

這一天真是考倒我了，一天下來簡直要命。早上到陽明山繼續昨天的課程，而且所有的思考都集中在陽明山的課程規畫，主要是因為這是我和別人第一次合作，彼此的教學風格還需要多加了解。下午回到學校，在校門口見到要去重陽國小試教的學生，和他們很快地招呼之後，就提著重重的東西回到環教中心。在中心時才開始有時間想著下午的教學，但是還得和意玲、佳昇（兩位負責暑期試教活動安排的學生）招呼一次。到教室才是我今天心得的開始，就見到一位同學帶了三個國小學生在課堂上，想來是前幾天我有預告下午要作鼻涕蟲，所以要讓小朋友玩玩，我是把它當成能夠在國小教學的指標。所以

我就進行教學了。當然先見到蕙茹專心準備下午的點心：烤玉米。

滿出乎我意料的是，前一陣子在一個國中教鼻涕蟲時，因為一些因素而差一點點作不出來，今天竟然沒有任何問題就見到各組做出各種特色的鼻涕蟲來。每一組的同學會不斷嘗試要做出性質不同的鼻涕蟲，以便和其他組分享，我想這一班會比金華那一班要強的！

我也見到英杰和另一組同學差一點點就做出和坊間所賣的鼻涕蟲一模一樣的作品：飽和硼砂的水溶液五毫升，加上五公克的 PVA（和一百毫升的水）。這樣的操作組合得到的成品真是好得沒話說，下一次我會試著讓其他班級試試看。很高興我今天又因為學生的學習而進步，這就是開放的好處吧！當然我也告訴她們要如何帶領低年級小朋友鼻涕蟲活動秘訣：膠水加上硼砂。這個最簡單的實驗過程可是我經歷了六年才研發出來的教案呢！顯然年齡層越低，教案的設計也越需要花費時間，而不是將高年級的教案簡化就好了。這是我相當深信的理念，經過這樣長時間的規畫，似乎支持我的這一觀點。

下班後還和舒沛（一位教過的數理系學生，在國小教書，正為著科學展覽的題目傷腦筋）談她「指導的」科展活動（根本就是她親自操作，幫學生拍照的一個「科展」）。隨後趕到台塑王品牛排去見小童、鈺娟和瓊芬，雖然是飯局，內容卻是鈺娟的碩士論文。

2月6日

今天的課程讓我頭痛了一段時間。主要是我發現過去的教學如果沒有讓學生了解學習循環的精神,他們會將半套的學習循環拿去實施,然後回來抱怨實施的效果不理想。為了這一點,我不得不將直接教學和學習循環的差異寫在黑板上面,並且舉美國一位化學實驗的教授用沉澱實驗考驗學生求真的精神作例子。我也提到了我自己求學整個過程起起伏伏的一切,讓學生了解學習過程的重要。當然我也將 tiller 和 teller 之間的差距(也就是建構教學和直接教學的差異)舉例說明,希望能協助他們更加勝任學習循環的教學工作。

對於學習循環的介紹:探索、介紹和應用三個階段,我也採用今天的課程,蛇偷吃了我的蛋(一本兒童文學的教學連結指紋顯現和指印作畫)這個活動說明各個階段。看到一些同學聽到各個階段的時候會點頭,或許當我收到他們的作業時,就可以見到是否真的了解。

指紋的顯現是將紙張上的隱形指印,放在優碘水溶液上方燻,一段時間之後,就可以見到原先隱形的指印浮現出來。運用的原理應該是化學反應中的「碘澱粉實驗」。原教案是由加州大學柏克萊分校的聖羅倫斯館的科學家創出來的,我只是加以延伸而已。

解說後,我讓同學有機會告訴我想上哪一種課程。有人反映巫婆雷克、泡泡營等;當我說明這種天氣上那種課會讓手掌

癢癢後，就有人說要上蛇偷吃了我的蛋（指印作畫等等），或是隱形墨水。考慮這兩個活動的相關性，我決定先做指紋實驗。

　　經過說明指紋的種類之後，我要幾位同學提出他們右手五根手指頭的類別，然後舉例說明在可能情況下誰是可能的嫌犯。當比較確定同學對於分辨指紋已經了解以後，我才說明指紋顯現的兩種方式：硝酸銀反應和優碘反應兩類型。滿意外的事情是，我發現一位同學（清平）主動向我要食鹽作實驗。當然我大致上知道她要食鹽的目的，但還是問她原因，她說很可能是因為汗液中的鹽分和碘酒起反應。當然猜得對不對不是我的教學重點，而是她已經開始思考了。

　　結束課程之前，一位同學問到我在實驗時說的「色層分析」和本實驗的共同點。好棒！有人提醒我了。我就指出警方在找證據時絕對無法找到一個證據就可以斷定誰是罪犯。然後將簡單的隱形墨水操作稍加說明：酸鹼指示劑和酸鹼的反應（先塗上沒有顏色的小蘇打，再塗上自製的酸鹼指示劑）、沉澱反應、鹽和硝酸銀和陽光等三個反應。這些是他們原先已經會的，但是如果沒有提出來說明就可能會亂掉。一位種子教師在上完今天的課以後就問我：是否可以在下學期繼續上我的課程？我只知道下學期還要接另外一個週末班課程，只是我還不知道整個課程的時間安排，如何答應呢？

2月7日

可憐的星期假日還要到學校來上課，我還見到一位同學因為她的先生今天加班，所以將女兒帶來教室一起上課。當我見到又有一位小朋友來上課時，當然就不能上一些不適合她那個年齡的課程了，這是我教學上的風格，短時間內還無法改變的。

我先介紹了琇珍（一位作業寫得很棒的大一學生）的作業，讓他們了解大一的新鮮人已經可以完成這樣的要求。這是上個學期快結束時，我和琇珍溝通後得到她許可我才敢做，主要是要讓琇珍獲得更多的自信，當然也要刺激這一班的學生能夠獨立思考，並且進而能夠自我設計課程，至少在接了這一班之前，我對於他們是完全沒什麼概念的。

我也希望他們能夠告訴我這兩三天要上的課程。一位種子教師提議將有關環保的課程集中一起上完：衛生棉、口香糖、再生紙、洗潔劑、肉丸、維他命C等。考慮之後，我建議他們將這樣的課程安排到明後天，因為他們就可以將家中相關的衛生用品帶來實驗。另一方面，考慮今天的天氣，似乎還不太適合操作泡泡營，所以就先以海底花園為今天上課的內容。我喜歡和有主見的學生討論他們想要學習的內容，至少它符合我所強調的「學生應該要有自主學習的權利」這樣的論點。

當我們同意今天上課的內容以後，我就在黑板上說明海底花園的三種做法：第一種是利用水玻璃（矽酸鈉水溶液）和各

種金屬鹽類反應得到的結果，可以在玩具反斗城買得到這樣的玩具。第二種的玩法則是將各種效果不錯的金屬鹽類泡出飽和水溶液後，將吸水性強的紙張浸泡在這樣的飽和水溶液中，以便吸收最多的金屬鹽類。晾乾後再放在水玻璃的溶液中，就可以透過毛細現象達到同樣效果，許多學校的福利社都可以買得到。第三種玩法則是將食鹽或是糖加在熱水當中泡成過飽和水溶液（提高水溶液的溫度到達飽和程度再降低溫度就會達到過飽和），再將鐵絲纏繞成喜好的樣子後小心放進過飽和水溶液中。靜置一段時間後因為溫度下降，過多的結晶當然就會出現在鐵絲上，而成為漂亮的玩具了。在說明這些實驗的原理之後，一邊準備燒仙草，一邊準備水玻璃和各種金屬鹽類。

好玩的是，這班學生在操作完標準的海底花園之後，就開始進行第二種紙樹開花的實驗，也有同學進行美麗的海底花園佈置。其實可以進行海底花園的最簡單模式，就是將效果不錯的金屬鹽類先放置在一張吸水性不錯的紙張上（或是棉花上），當然需要依各種金屬的特色安排相對位置，然後只要將這張紙放置在透明的果凍盒子中加入水玻璃溶液，就可以是另一種玩具了。另一方面，因為他們對於飽和水溶液的概念還不夠，所以完成的紙樹都可以見到相當清晰的金屬鹽類結晶，這當然和紙樹開花的方式不同，所以在講解時，我就說明同學們操作時錯誤的地方和修正的方向。

這時候我觀察到英杰到黑板這邊看周期表，過去這幾天他是我的好幫手，幾乎所有要加水稀釋或是其他的協助工作都是他幫忙的。我當然就無聲無息地到他身旁，不出我所料，他的

問題是：「老師，請問這些元素的價位是怎麼算出來的？」這不就是這種教學模式希望能夠得到的效果嗎？學生會主動對於化學有探討的精神！我們一起看牆上的周期表，我指著周期表上最右邊的一行，說明這些元素都是惰性氣體……等。顯然他對於學習化學已經產生興趣，我也在講解時特別提到他的這種精神值得鼓勵、學習。

　　坐在瓊湘身邊的同學問我是否可以在下學期到二乙的班上旁聽？我不得不跟他們說我的另一個論點：到目前為止的課程有許多是我拿來診斷學生學習的聽診器，所以如果他們要旁聽，一定要跳過那幾堂課。而且我目前採用的上課方式是徵詢同學的意見為主，不能因為旁聽生的權利而犧牲全班的學習權益。不過，我目前似乎有一點點感覺，就是班長好像比較喜歡上我的副學習多於主學習。也就是說她在準備副學習的地瓜或是玉米時的參與精神，更勝於上課時的參與。或許我明、後天要多注意她一點了。

　　到目前為止，似乎英杰和清平是這一班同學當中學習能力最強的兩位了。這要等到看了作業後再評斷吧！

2月8日

　　上到今天算是這一班第一次決定自己想學的內容。學習內容是衛生棉（或是嬰兒用的紙尿片、老人用的紙尿褲）的種種。我發現同學們將紙尿片大大方方地放在講桌上，卻小心翼翼地將衛生棉藏起來。似乎對他們而言，衛生棉還是受到大男

人主義的影響頗多，是不衛生、不乾淨的代表。但是同樣是身體的排泄物，爲何會有這樣的差別待遇呢？是不是我們的性教育出了問題？

　　一旦開始實驗後，一些同學擠到紫外燈那邊觀察螢光劑的含量。另一些同學分組將衛生用品區分爲紙尿褲（含紙尿片）、衛生護墊、日用型衛生棉、加長型衛生棉等幾大類。我一邊協助螢光燈那邊的學生了解螢光劑含量的相對性（而非絕對值），一邊遊走各組指導。我採用的螢光劑顯示方式是將含有螢光劑的物質放在紫外燈底下，如果物質含有螢光劑就會顯現藍色的亮光。

　　當觀察螢光劑的同學發現某一種衛生用品含高劑量的螢光劑時，通常會發出驚嘆的呼喊聲，好像中了彩券一般。我也見到許多同學會一邊實驗其他衛生用品，一邊觀察螢光燈這邊是否已經空出來了，以便可以到螢光燈這邊作實驗。

　　衛生棉的實驗和其他班級最大的不同，在於他們使用色水的量超大，常常就是二十西西倒下去，才會造成側漏的現象。這和電視上衛生棉的廣告幾乎一模一樣，但是他們不了解電視廣告是做過手腳才會順利吸收。正確的做法是先預估總吸水量，然後每一次加入總吸水量的五分之一左右，等吸收進衛生棉一分鐘左右，再用面紙去測試衛生棉的乾爽程度。陸續增加水量就可以看出不同衛生棉的好壞；當然還要看衛生棉的表面是否會讓使用者過敏（一些婦女對織優朗會過敏）。我只好提醒他們操作上的誤差，並說明比較標準的實驗方式。等他們做完所有實驗用品之後，才將衛生用品剪開來觀察，這也讓他們

意外發現一些現象。其實衛生棉的學問很大，好的衛生棉除了要考慮強力吸水性以外，還要有好質感、外型的設計、良好的導流層（才能將經血送到整片衛生棉，而不是局限在一小塊地方），以及防漏設計等等。如果考慮各種廠牌的價格也不同，還可以加入數學的教學，成為一個課程統整的大教案。

2月9日

今天的活動延續昨日未完成的實驗，並開展一些新的實驗：維他命 C 含量的檢定。早上見到這班同學在十點多就到環教中心查資料。顯然物理老師又讓他們有時間查閱資料，我反而成為那個不通情理的老師，唉！下午的活動先介紹維他命 C 檢定的注意事項，以及它和酸鹼檢定的最大不同。也就是先將定量的維他命 C 檢驗藥劑放到試管中，再逐步加入含有維他命 C 的水溶液。維他命 C 含量高的水溶液只需少量水溶液就可以讓藍色的檢驗藥劑變為無色。也可以用優碘取代正式的維他命 C 檢驗藥劑，雖然犧牲一些準確度，卻有相對優勢：到處買得到。也有學生反映希望能夠同時學酸液和鋁罐的反應、巫婆雷克等活動。這下好了，我簡直就像陀螺一樣，一下準備鋁罐和酸液的反應，一下準備巫婆雷克，還要指導維他命 C 的活動。在完成所有活動後，我大致和同學分析這和學習站的相關性，並且說明這和幼稚園常使用的學習角落之間的相關。很可惜我還沒有這些活動的學習單，否則就是完整的學習站了。

許多同學玩巫婆雷克，一邊嫌它噁心，還一邊向我要配

方。真是標準的學生表現！巫婆雷克也是加州大學柏克萊分校發展出來的活動，相當適合國小低年級學童或是幼稚園的小朋友玩它，至少小女就好喜歡這一活動。我也了解學生會為它著迷，幾年前的初轉班有一班幾乎有一半學生是以巫婆雷克當成作業重點呢！

可惜他們今天對於維他命 C 的實驗著重在幾樣水果和飲料的檢定，如果能將水果和果汁作對比將會更加顯著。治瑛提到如果將維他命 C 加熱又會如何，我當然鼓勵他們這組進行加熱實驗，結果是加熱到沸騰會讓維他命 C 含量降低一半左右。我再提醒他們如果是用食用油加熱效果是否相同？我想她應該也會是一個不錯的小學老師，至少她是目前班上唯一購買了天下雜誌《希望工程師》的人，而且對於內容也能提出自己的想法了。

2月10日

這是我寒假當中最輕鬆的一天了，這班同學的導師幫他們求情，希望能放他們一天假期，好讓他們能到桃園去玩一天（他們說這是正式的校外教學）。想一想他們這個寒假的課業安排也真是辛苦他們了，能夠出去一趟散散心也是對的，對他們的學習也算是「小別勝新婚」吧，有一種中繼站充電的感覺！但是如果從另一個角度來看，為何要安排這麼多的學習項目給他們，然後再讓我們這些開課的老師找名目給他們歇歇腳呢？學分是否就代表一切呢？這也讓我想到那一天到陽明山去

授課時，我讓部分老師到陽明山前山公園去體驗自然，教師研習的教務處卻擔心學員會不會就因此而瞎混呢？我們對於國中小教師的研習活動是否都認為他們不可能主動學習，一定要安排一個輔導員隨堂點名呢？老師是否也將這樣的精神帶回學校，隨時叮嚀他們的學生要加強學習（所以各股股長的設立是否也有異曲同工的現象）？對我而言，學習是主動的，是隨時隨地發生的。強迫學習只對極少部分學生的學習有效果，對於大多數學生而言卻是嚇跑他們學習興趣的兇手。所以那些去體驗自然的學員至少曾經到陽明山玩過一趟，在教室內和我學習各種「科學活動」的學員很可能只認為自己浪費時間在教室裡呢！顯然，「嚴師出高徒」的觀念還深深影響許多教育界的朋友，嚴師的定義也還停留在鞭打學生，或是隨時督促學生學習的方式。

這也讓我想到我對於學校、軍隊和監獄曾經有過聯想。這幾個完全不同類型的機構雖然有完全不同的功能，但是在外觀和在管教方面卻有十足的關聯。外觀上這些機構大都用四面水泥牆壁將內外完全區分開來，但到底是將好人關在裡面，或是將壞人防堵在外面，就不得而知了。管教上這些機構竟然一模一樣，只是使用的名稱不同而已。所以這些機構管教的對象都喜歡一種叫做類似「休息」的時間，在學校它就是下課時間，在監獄就叫作放風，在軍隊叫作放假。為何我們將學校辦得像是一般民眾最討厭的地方呢？該是教育界好好考慮教育目標的時刻了！

趁著初轉班學生不在身邊，我決定今天讓老婆休息一天

（雖然她要整理家裡），就帶著兩個小朋友去看看學生的暑期試教活動。到了國小後差一點點讓我昏倒，怎麼我們的冬令營和我所見到最原始的方案相差百萬里之遠呢？對我而言，這不是我要的冬令營方式，這是救國團的團康活動。問了主辦活動的百力之後，我才知道他所面臨的困擾：家長會那邊的要求、學弟妹的觀點，都和他所想要的不同。唉！辛苦了，百力！

2月11日

　　今天進行悶熄蠟燭的活動。我先說明明天進行泡泡營活動的準備項目：吹泡泡工具的準備和肥皂水的準備，當然希望能喚起他們主動準備的精神。悶熄蠟燭的活動是將蠟燭放在裝了半滿的水盆當中，然後將蠟燭點燃。確定蠟燭燃燒之後，再以一個玻璃容器將蠟燭悶熄。一般而言在蠟燭熄滅之後，水盆中的水位會快速上升。學生通常認為這是因為氧氣佔了五分之一的空氣體積，既然蠟燭燃燒用去了玻璃容器內所有的氧氣，水位當然會上升五分之一的體積。但是在好幾年前，還在攻讀師大科教博士班的洪振方（目前服務於高雄師大科教所）到我的班上借課，研究學生對於這一現象的迷思概念，我才漸漸對這一現象有些微概念。原來這一實驗是讓學生了解空氣中氧氣和氮氣比例的，所有的科學事實也都真確；但是將所有資訊集合在一起時，卻造成完全錯誤的觀察。我也是在實施這一單元一段時間之後，才對它有比較真確的理解。

　　由於這一實驗是要挑戰學生的思考能力，所以我通常是在

訓練學生一段不算短的時間後，才敢實施這一實驗活動，以免造成反教育現象。我先安排三組蠟燭（分別含有不同的蠟燭數量）插放在水盆中的黏土上，點燃蠟燭後，分別用不同大小的容器蓋上去。蠟燭熄滅後，學生就觀察到不同蠟燭數量在不同的容器中會有不同的水位上升高度，我就不必費太多口舌教他們要如何操作接下來的實驗步驟了。我預測清平和英杰可能可以解決這一問題，我錯了！有一些同學默默地觀察，進行實驗。所以今天他們兩位反而沒有太多發揮的空間。另外三位坐在前頭的女同學提出的觀點雖然不是一箭中的，卻顯現出她們已經具備思考的基本能力了，這讓我好高興。為了讓她們的學習更加有效，我也請她們到外面購買茶葉蛋回來實驗。實驗是將茶葉蛋剝掉殼後，將蛋放在廣口瓶上方。因為蛋比廣口瓶的開口大了一些些，所以掉不下去。但是如果在廣口瓶內燃燒一張紙或是棉花，再將蛋放上去，就可以見到蛋會慢慢掉進廣口瓶內。這是因為廣口瓶內的原先氣壓較低，所以蛋被外界的壓力壓迫進入廣口瓶內。現在的問題是如何將蛋完整地從廣口瓶內取出來？為了介紹這樣的觀點，我先說明正向壓力的重要性，再去拿出小蘇打和白醋加進廣口瓶。一位同學就說我簡直是在變魔術嘛！就這樣讓他們觀察到原先關在廣口瓶內的蛋又被壓迫出來了。

　　將蛋完整地取出之後，我再示範隱形墨水的另一種做法：將紙灰塗在原先塗有肥皂水的手上。當然我用了以前一位學生的教案：假裝將檸檬汁塗在紙張上，然後用火烤焦，不小心讓它燒掉。然後才將紙灰揉一揉，可以想見當學生見到原先寫在

紙張上的字體出現在我的手掌上時的驚奇感覺：每個人都急著要去玩一玩。我還告訴他們可以用檸檬汁或是海波取代肥皂塗在手上。哪一個的效果好就是學生學習的重點了。

　　前面提到有三位女同學提出自己的論點（或稱為邪說），為了讓她們了解這種科學典範轉移的困難程度，我在黑板上說明天動說，也就是人類對於地球的觀點是經歷了好幾個階段才演變為今天的科學。但是每一個階段的發現都是那個階段全體人類對於某個科學概念的最新認識。所以科學教育，特別是義務教育階段，必須讓學生了解科學演變的方式，而不是將最新科學的內容記下來。這是和目前的科學教育潮流相通之處，卻是許多科學教育的朋友無法接受的觀點。或許他們在各級學校的學習都沒有太多挫折，無法了解一般學生的學習和他們學習科學之間的不同。其實如果他們能夠將心比心地體會他們學習最不擅長的科目時的困擾，就可以將未來的課程設計得簡單些。

　　今天則發生了一件實驗的意外事件：坐在後面的一位同學（明天要將她的名字記下來，對她感覺很抱歉）在洗廣口瓶時不小心割到手，流了好多血，只好先拜託她旁邊的同學帶到台大醫院急診，幸好在下課前一個小時回來，要不然我真不知道要怎麼向她的家人交代了！我想這一事件將會影響這一班同學在期末對於化學的聯想圖。但是既然是當老師的我沒有好好防備意外，我當然就要好好扛起我的責任了。不過下課之前就有兩位同學到我面前提到明天想要實際操作再生紙、手染布等活動。顯然他們的學習慾望才慢慢被發掘出來，就要結束課程

了。這就是教初等教育轉學班的困惑，等機器熱機了，就是關機的時刻了！

2月12日

　　倒數第二天了，可以感受到許多同學歸心似箭的那種迫不及待的感受。或許今年的課程和年節太接近了，如果真正依據課表上課，還必須上到二月十四日早上，同學還需要趕回家過年，太難為同學了。我見到不少老師乾脆今天晚上加班上完所有課程，但又假裝配合同學的需求，所以「勉為其難」地提早下課，皆大歡喜。我這樣強調明天「只是」慶祝學期結束，卻要同學留下來上課慶祝，是否是缺少同情心的表現呢？或者學校可以考慮其他方案呢？

　　我還是觀察到蕙茹上課時是屬於那種可以抄筆記的人（當然不單單只有她是這一型的學生，但是她可以當作一個不錯的指標）。我就不斷思考如果在她還是小學生的時候，她的老師能夠採用多樣性的學習模式讓她體會各種教學的好處，是否能夠刺激她在其他方面的能力？也就是說對於我們目前所指的那些「適合傳統學習模式」的學生，如果從小就能夠透過各種不同的教學模式刺激他們的學習，是否能夠協助他們學到更多的東西呢？我會這麼思考的主要原因，是看到一些學生相當懷疑我這種教學模式可以在國小使用，他們認為我在大學教書，所以沒有進度的限制。其實我剛回國時為了要找到符合我教學目標的教案，不知曾經多少次躲在棉被下哭泣呢！有多少人了解

那種無助的感受呢？我的教學也會受到排擠，因為別人認為普通化學有既定的內容，怎麼可以不依據教學進度上課呢？我可以了解他們這個論點是為了協助一些同學畢業後想要繼續進修。但是如果每個師院的教學都只是為了少數幾位同學的進修研究，卻忽略了基本的國小教學技能培訓，那也難怪國小教師大都沒有足夠的專業素養。前陣子到陽明山教師研習中心看到一群熱心的國小老師參與所謂專業成長班，但是他們對於專業成長的定義竟然是「教師自己對於專業科目的訓練」，而不是「教師對於教授他們的學生學習某一科目可能需要具備的專業能力」。

ASCD 的網路雜誌也顯示，在美國有五分之一的國中小教師承認他們在教學時缺乏足夠的專業訓練。其實國小教師的專業因為包班教學的特色，所以他們所需要的專業訓練和高中教師和大學教授是不同的。但是我們卻常見到大學教授將國小學童視為大人的縮小版本，認為只要將大學裡所教授的知識兒語化，就可以輕鬆地在國小教學，這其實正殘害國內的國小教育呢！

珍古德學會的郭小姐今天也意外地來到班上。她大概很想了解種子教師的學習，所以和我交談了將近一個鐘頭。但是我可以感受到班上有同學發覺對於我和客人（郭小姐或是種子教師）之間的溝通時間竟然比和這班學生之間的要多出很多。我也不知道要如何克服這一點。一般而言，如果沒有外來客，我會仔細觀察學生的學習，並且依據學生的個別需求而到各組去指導，或是提供意見、拋問題等等。但是珍古德學會的種子教

師好像比較會問問題，或是和我討論教育相關問題。我可以理解學生未來對於這樣的教學將會有相當的反彈，唉！好好思考吧！

好像差一點點又忘了描述今天的課程。今天的主學習是泡泡營，所以是利用我們常用的洗碗精加水稀釋之後吹出各種不同形狀、大小的泡泡，或是利用泡泡玩遊戲（例如在泡泡中握手，或是用泡泡將人框起來）。用了一瓶白熊洗碗精泡肥皂溶液，一下就被用光了。我發現這一班的同學習慣性地將泡泡水溶液泡成一大盆，然後再回頭不斷地加清潔劑泡濃一些。但是因為只有兩瓶清潔劑，所以最後很少同學真正吹出大泡泡來。我在結論時不得不說明回到學校以後，如何利用多出來的三、四十雙手（也就是他們的可愛學生），進行具有科學精神的泡泡遊戲。

玉琦要求我讓她操作再生紙，我有點開玩笑地說：「好，讓我們來看看再生紙的操作，也就是看起來像是再生紙的玉琦這邊」。沒想到這一班對於這樣的玩笑反彈很大！甚至有人說玉琦還沒結婚，這樣會傷害她的。或許長久以來和學生沒大沒小慣了，要我正經八百地上課還真有些許困難呢！我趕緊更換說明，就是說明再生紙的製作。我希望他們能夠採集一些有特殊味道的樹葉，或是加入一些有特殊顏色的花草，以便讓再生紙比較不會受到蟲咬。我還特別到暗房那邊取出作再生紙的器材，還必須在他們面前示範讓他們了解實際操作的方式。偏偏在這一時刻，珍妮還跑來問我手染布的操作方式。我一邊指導這邊的再生紙操作，一邊跑到另一桌指導珍妮的手染布操作，

真是有些許困難。

　　我發現同學希望我告訴他們操作的每一個細節，甚至是每個步驟完成之後就又跑來問下一個步驟，可以說是巨細靡遺地追問。換句話說，他們很害怕操作時可能會有錯誤的操作地方。我先示範綁住手染布的方式給他們看，等染好以後就是定色的問題。珍妮向我問了定色的物質什麼比較好。我反問她什麼東西效果較好？她說可能是醋或是酒精，我就拿這兩樣東西給她。後來這兩樣東西的效果是依據花草的顏色而有不同。（當然啦，兩個不同性質的水溶液！）我接著指導他們將手染布用吹風機吹乾，然後才加以定色。後來這一組的同學最多，幾乎每個同學都跑來做再生紙和手染布。好玩！

2月13日

　　最後一天了，好累！該不該直接向他們宣佈回家去吧？或是堅持我的理念呢？不管了！如果那樣，乾脆就拒絕進修部的課程。

　　剛開始向同學說明的時候，幾乎要發瘋！幾乎沒有人在聽我的說明。大姐在忙著看她剛從成功市場買回來的餐桌布，幾位女同學忙著討論回家後要如何減少家事的工作量。我先提到一位同學早上研發新教案的情境和金華想要新構想的事情，想要激勵他們的學習慾望，但是我好像錯得很離譜。

　　等到要他們開始操作撲克牌和簡易拼圖之後，才漸漸聽到一陣陣的尖叫聲、歡呼聲。這時候唯一一位有始有終的種子教

師提著一樣東西進來。原來她還同時參與另一項英文教學的研習，昨天晚間九點多才有空做出慶祝的東西來，是一個謎題，方式有些像是我們小時候玩抽籤的盒子，裡邊裝了許多紙籤，我真是服了她的學習精神。這些籤當中我記得比較清楚的都和葉子楣有關聯：葉子楣的胸罩（猜一國名）──緬甸（免墊的諧音）；半個葉子楣──義大利（一大粒）。這年頭好像不是有點黃的東西不會受人歡迎。不過就這一整個班級在慶祝的準備上，除了一些同學帶蜜餞解饞以外，就是相當直接希望我快點放人，好方便回家過年。這樣相比較之下（昨天另一位種子老師帶了淡水名產和全班同學分享），這些種子教師在馬斯洛的需求理論方面，還真是在這一班同學之上呢！

　　他們分享猜謎之後，我就說明拼圖和撲克牌對我而言的重要性給同學聽。在觀察他們玩牌時，我突然想到一件事情，這些媽媽們回到家之後就是不停地做家事，所以過年之前讓她們像這樣無憂無慮地相處在一起不是很好嗎？接下來的幾天只有不斷地工作，然後就是回到學校上班教學，或是回到北師當學生上課。雖然是短暫的愉悅，卻是關鍵的快樂。只是這時候我見到蕙茹又在撕紙張，真讓我不知道是我上課不好，或是班上同學得罪她了。

　　今天我也要他們寫出目前他們對於化學的感受。我當然最想看看蕙茹的 here and now 的化學，不出我意料的，她所寫的是「**雖然我對化學的知識沒有增加，但是至少我不太害怕化學了**」。其他同學的關鍵字形容他們感受的居多，知識的描述變得很少了。另外我聽到玉琦和她隔壁同學說到我昨天那句「像

是再生紙的臉」，對玉琦確實傷害很大，唉！未來教學之前似乎還要先要到一張全班同學的婚姻狀況表，以免類似情形再度發生。好了！累了，我也該回家去休息了。剩下的就等他們的教案了！

上完課之後我的感想

教完了這一班，但是對於他們的學習效果卻沒有最基本的認識，真有點像是買了一張彩券，要等到開獎的那一天才能夠知道我所購買的彩券有沒有中獎。這種感覺真是會讓許多人不得不捨棄最真實的評量，而以原始的紙筆測驗完成所有的評量。對於這樣的現象，或許就是我在前幾天所想要推動的構想：讓所有國中小的老師就近到一些開設教育學程的大專院校進修。至於進修的方式，就是以每位教師沒課的時間，依據他們自己喜歡（或是他們自認為需要加強）的課程，到這些大專院校去進修。由於這樣的進修是每個星期進修一至兩趟，他們有實際的教學機會可以回校去嘗試教學，學習就可以收到立即回饋的效果。我還清晰記得在去年教另外一班假日班的課程時（去年才開始實施隔週週休二日，再往前推算的假日班則是集中在春假時節，在短短的十幾天當中上完所有課程，和這一次的假日班是相差不多的上課模式），由於是隔週進修，所以整體的學習是一邊進修，另外一邊可以透過幾位同學先完成部分作業的要求，刺激其他同學將作業做得更加完善。

　　所以如果說教育部真正要讓各級學校教師能夠發揮專業自主的教學能力，就不能夠將老師時時刻刻綁在學校裡，只在部分時間可以因為各縣市教育局或輔導區師範院校主辦的研習，才有機會可以請公假或事假去參與。那樣的研習不是說不好，而是老師就沒有教學專業發展的自主權。既然老師只被視為是被動的學習，他們實在也無法充分自主地決定自己的學習；如果老師無法充分地決定自我學習的方向，又如何要求學生能夠自主學習呢？所以教育改革當中相當重要的一件事情，就是讓老師們獲得充分的學習自主權力：可以在沒有課的時間到設有教育學程的大專院校選修課程。對於這些大專院校的教授而言，其實也沒什麼好損失的，他們只是多了幾位旁聽生而已。在很多大學生為了打工賺生活費而蹺課的時刻，有一些認真的國中小教師到班上來學習，不是一件快樂的事情嗎？這也是我和珍古德學會接洽願意提供學習機會給他們的種子教師的主要原因吧！

　　在這個學期即將結束時，珍古德學會的郭小姐到班上來的時候，讓她和種子教師溝通之後，可以感受到這些種子教師的滿足感。我記得其中有些種子教師在開學時曾經向我反映，希望能夠有研習時數，但是隨著學習展開之後，他們慢慢改變自我的學習，並且強調能學到東西比較重要。到了學期末，一位老師準備了淡水名產，煮了一鍋阿給肉丸湯給全班同學享受；另一位在百忙中準備抽籤的活動讓大家輕鬆度過最後一天，並且學會另類的國文教學方式。這些都表現出他們已經度過馬斯洛的最基本需求論點了。他們甚至希望我下學期繼續開設進階

班，以便讓他們能夠一口氣學到更多的教學構想。但是我想全國能夠先突破最基本專業教學的國小教師的總人數還不太多，還是先訓練比較多的教師都具備這些能力為主吧！

當然這裡我還想討論兩點：國小教師在其他各級教師前面的無力感，以及我所建議的國中小教師進修的內容。首先，國小教師到目前為止在各級教師當中，就比幼稚園的教師稍有信心一些（教師所教學生的年齡或是學生的聰明與否，似乎注定了任何一位教師在其他教師之前的地位）。所以若是能夠爭取在高中，乃至於大學教書，是許多教師的夢想。顯然這是學位、文憑在作怪。我經常提醒自己一句話：我在這個大學教書，能夠教到未來的總統、行政院長的機會遠比國小教師少了幾萬倍。各級教師的地位都一樣，唯一不同的只是我們曾經花比較多的時間攻讀學士後的學位罷了，所以我們的起薪也比較高。但是絕不能因為起薪比較高就自戀，或是自我狂妄起來，而要想到這代表更多的責任，更要虛心地向我們服務的對象（國中小教師）學習。我認為教師是一項服務業，是要讓每位學生的受教權都受到應有的重視和服務；不能因為學生在某一方面的缺陷，就剝奪他們的受教權利。這也是國內外的教育體制到目前為止最大的缺點，更是目前世界各國都在大力推廣教育改革的原因。所以教書絕對不能因為教師教學上的方便，而將學生貼上不該有的標籤。

其實國小教師會缺乏自信心，是因為他們所受的訓練和工作需求之間有非常大的距離所造成的。由於國小教師通常是包班教學，是除了少數幾個科目之外都必須教的一種教學工作。

為了因應這樣的需求，傳統上認為每位國小教師對每一科目都要會一些基本常識或是認知。但是這樣的訓練結果使得多數國小教師在面對學生的時候，無法給予學生適當的引導，最後就是希望學生不要問太多問題。美國總統的一位教育顧問就將這樣的教育結果比喻為「學生進入國小時充滿了問號和驚嘆號，卻總是以句號從國小畢業」。國小教師要加強的，應該是將他們學生原先具備的這些問號和驚嘆號延伸到適當的學習領域才對，而不是像撞鐘一樣，只要撞一次鐘就發出一個響聲。換句話說，我從不認為老師是將知識灌輸給學生的一種行業，而是先觀察學生腦海之中有什麼東西，再依據學生的特色發展出一套適合每位學生學習的教學模式。等學生的成熟度到了某一階段，才比較適合讓他們的學習進入抽象、分科的教學。所以各級學校的教師都必須教會學生發展他們每個人特色。對於這樣的構想，或許也受到前一陣子參與多元智慧工作坊時，張稚美教授所提到的「老師是教書教得越久對教學內容越懂、學生是越學越不懂」這樣的論點影響不少。

　　好了，回到另一論點吧！國小教師回到師院進修所需要學的內容是什麼呢？傳統上都在加強這一群國小教師各科的專業知識。這樣的論點也在這一班上課時由治瑛提出相當的質疑。她會提出這樣的質疑，或許也反映國小教師在日常教學時常常被學生考倒，而他們到師院進修時，又以各科的專業知識學習為主。但是就像我在前面提過的論點，國小教師不需要，或許應該說更不可以在面對學生問題時，就直接給答案，甚至是單一的標準答案。要找這樣的標準答案其實只要在每個教室準備

全套的百科全書，和一台網際網路的電腦連線，就可以完成這樣的訴求。

　　國小教師需要加強的應該是設計、執行和評量教學情境，以及引導學生問題的技巧。但是對許多教師而言，教學就是帶領學生將課本一本接著一本的翻閱、一頁接著一頁的朗讀。這樣的教學能力並不需要將所有國小教師培訓到大學畢業的程度。只須到教育部的網站（content.edu.tw）找到各級學校各科的網頁之後，就可以有優異的教學反覆地出現。學生還可以控制他們自己的學習進度和學習時間。老師在面臨網際網路在教學上的挑戰時，可以用螳臂當車的方式拒絕挑戰；更好的方式則是充分利用網際網路的功能，引導學生自我學習的能力。所以上課的學習不是朗讀課文、解說生字新詞，或是指揮學生依據課本內容動手操作，就算完成教學工作。沒有適當的教學情境是無法達到高水準的教學效果的。

　　另外一方面，當我分析這一班學生在上課前後的心智圖後，我更是毫不懷疑地提出學生在上課之前所擁有的前置經驗因人而異。同樣的學習內容也對不同的學生產生不同的學習效果。所以對於每一項學習項目而言，都會有一些學生已經完全了解，另外一些學生卻相當陌生。同樣的教學進度更常常讓不同的學生有完全不同的學習效果。所以學生的學習絕對是個別化的，不能用統一方式進行學習的執行和評量。統一的教學進度只是將個別學生之間原先的差距越拉越大罷了。國內三、四十年來的教育體制下只有極少數學生可以有機會進入大學就讀（大約在百分之十五～十八之間）不就指出這個問題了嗎？偏

偏國內的大學教育經費佔了全國教育經費的絕大部分，這種由少數人佔用多數教育經費的不正常現象，卻在菁英教育的神話下繼續摧殘國內絕大多數學生的受教權利。

　　所以對我而言，教這一班學生普通化學的目標絕對不是要再灌輸他們更多的化學知識，而是希望協助他們剷除對於化學的陌生、恐懼感。至於學生是否會對化學產生興趣還是次要目標。當一個學生對於學習的項目會恐懼時，我們如何要求他（她）對於那一個學習項目有長久而有意義的學習效果呢？或許頂多是短暫的記憶反映在考試的成績吧！但是考完試之後呢？學生會將所學的項目都還給老師，還是繼續深入探討那個項目的學習呢？**對我而言，時代要進步絕對不是記誦前人的知識，而是透過創意開發新的世紀。**

2月19日（候補）

　　小犬的一位朋友向我要石蕊試紙。昨天他打電話給小犬的時候是我先接到電話的，我原先有點不願意到實驗室拿石蕊試紙給他，但是想到他是小犬的好朋友，而且小犬正好處於朋友道義重於父母親情的時刻。所以為難歸為難，卻也直接乾脆地答應他的要求（不是不方便到實驗室取得石蕊試紙，而是石蕊試紙的使用和我的教學相異其趣）。

　　眼看這位朋友又打電話問到石蕊試紙的事情，靈感一動！有了，請他來就可以拿到「石蕊試紙」，而且和我的教學是完全相配的。我給石蕊試紙重新定義為「用石頭敲打花蕊在紙張

上所得到的**試紙**」，我想我以後的教學會朝這個新構想發展的，好棒！一個原先不是很好的構想到了我的手上又變成一個新構想的來源。所以當他們到的時候，我先用外面的紅花、四季秋海棠和聖誕紅的紅色葉子，當作花蕊敲打在廚房紙巾上（底下墊了一份報紙，以免我使用的石頭給敲破了）。正好中心有些白醋和小蘇打，當然就實地操作一番。當紙張出現那些我意料中的顏色變化時，這兩個小朋友顯然相當不以為然地說著，如果會變化，他們就如何如何的咒語。唉！其實所有的學問都是由生活周遭歸納出來的，但是越是嚴謹的學問，越是見不到老師回歸原始自然的教學模式。難怪幾乎所有的學生都認為學習只能夠在學校進行，他們在家中是無法自我學習的。

　　這個現象也可由文化中心的活動見到。昨天文化中心有三個科學活動：指紋顯現和指印作畫、驚喜瓶（氫氧化鈉和葡萄糖加上甲基藍的變色反應；適當的反應物加在一起搖晃會使得瓶子顯現藍色，靜置一段時間後會回覆到透明無色），和鼻涕蟲的製作。鼻涕蟲的製作是採用我去年才修改過的教案（膠水加入適量的硼砂飽和水溶液），由於取材容易，不會有實驗的安全問題，更是一個充滿創意的娛樂性教學活動，所以等到學生有機會選擇他們自己的實驗項目之後，其他兩個教學活動簡直是不堪一擊（這是小犬回家後告訴我的，也已經求證於參與教學的意玲了）。我上一次到台北的一所國中，對著一群國中一年級學生採用學習站方式進行教學活動，也有類似的現象。採用膠水和硼砂就是希望能夠讓學生知道學習是無所不在的，是隨時隨地可以進行的。意玲甚至告訴我昨天有位幼稚班

的小朋友和媽媽搶著作鼻涕蟲，只因為媽媽搶走鼻涕蟲，害得小朋友哭了一段時間，還是當意玲讓那位小朋友再做一個鼻涕蟲出來之後，才見到那位小朋友又笑開來。

　　其實這些活動如果不是運用周遭的物質（例如校園植物和菜市場的動物內臟），就是透過周遭玩具店或是文具店販賣的玩具當作材料進行教學。這樣的教學方式對我而言，是**將環境教育重新定義為「運用周遭環境因子進行教學的方式」**，在美國有一個教育團體運用類似的方法進行教學對比，在兩百多萬美金的支援下，已經成功地達到有意義的教學改善。我喜歡這樣的教學還有另外一個原因：它符合科學教育中最新的潮流，運用科學演進史的各個階段進行教學活動。換句話說，它和目前許多教育界朋友所提的建構教學是相平行的。要學生建構可以應付下個世紀的知識和技能，就不能夠只靠著傳統模式，而且需要讓學生有足夠的反覆接觸機會，才能夠有這樣的能力。

各個單元教學的目標

　　校稿的時候赫然發現，我沒有真確地記錄每個單元的教學目標，會讓許多人弄不清楚這樣的教學和一般的介入性教學有什麼不同。確實，整體而言，我是希望透過整個教學過程改變學生對於化學學習的觀點，進而喜好在國小進行和化學有關的單元。採用學習循環方式進行教學是要讓學生體驗科學家的真實學習，進而提升學生的科學態度。但是如何結合每一個單元

的教學目標，才能夠達成以上的目標呢？底下就對每個單元的
教學目標稍加說明。

活動單的使用

　　我經常在接一個新的班級的時候，會採用活動單的方式達
成以下目標：讓學生感受不一樣的學習情境，也讓他們對於整
個學期的學習內容有基本的認識（和期末的拼圖相呼應），前
後都是讓學生了解學習時如果對於學習項目能有全貌的認識，
會比零碎的記憶要好很多倍，同時也介紹學期中會進行的單元
活動給學生認識，讓我知道進一步哪些同學對於某些學習項目
已經有基本認識，可以在學期中有效運用這些小老師的前置經
驗。所以說這是一個多功能的學習項目。但是因為要先溝通教
育哲學，又回到我佔用很多教學時間的一種教學模式，是我希
望還能夠改進的一點。

酒精槍的示範

　　這是一個比較具有爭議性的示範活動，我將些微酒精放入
乾燥的養樂多瓶裡，再用瓦斯槍點燃引爆酒精槍，酒精槍就會
直接射出去。有人認為我在教導學生犯罪，他們以清華大學的
王水事件為例說明這個示範的嚴重後果。我認為科學哲學和科
學倫理重於科學知識的學習，如果強調哲學、倫理和態度的培
養，這種情形就會降低。否則知識越多，犯罪的水準也會跟著

提升。至於酒精槍的示範是要讓學生了解酒精燈的使用必須先考慮安全問題，所以有裂痕的酒精燈就不要用。

鏡中描圖

這是一個讓學生抓狂又發笑的活動。他們在描圖的時候因為無法掌握運筆的方向而抓狂，看同學圖描得也很爛的同時會笑得一蹋糊塗。我記得我在麻州大學學習科學教育專論，以及到愛荷華州學習環境教育時，都受到類似的摧殘，讓我強烈感受學習發生障礙時的無力感，我甚至認為描圖越難看的人智商越高。我也對原始活動稍加改變，讓學生嘗試突破學習障礙的各種建議活動，引導他們了解教學方式的改變可以讓原先不適合讀書的學生得到紓解。

採花大道

自製酸鹼指示劑是一個結合認識校園植物和酸鹼水溶液的實驗。其實如果課程名稱不是普通化學，我會更在乎學生對於大自然的敬畏和欣賞能力，然後是植物外觀的觀察，最後才是酸鹼水溶液加入後的顏色變化。但是在化學科的教學中，顏色的變化，以及讓學生知道生活周遭其實充滿著可以實驗學習的項目，何必使用太多人工合成的物質呢？如果可能，我更希望學生能夠搜尋他們喜好的植物是如何繁殖的，透過真實地繁殖植物，短暫的破壞是持續建設的引爆點，而不是漠不關心的另

一項學習。

氧氣的製作

這是另一個類似酸鹼指示劑的活動，也是希望學生能夠了解生活周遭充滿著學習的對象。透過反覆學習可以建構他們對於氧氣的真實了解。另外一項副學習則是讓學生了解學習不必局限在教室或是實驗室裡。

上面三個活動（鏡中描圖、酸鹼、氧氣）原則上是我用來聽診學生情況的工具，就像醫生用來看病的聽診器。沒有這些東西的協助，我就無法提供學生適合他們學習的項目。

暖暖包的製作

這個單元和《小牛頓》一○七期中的一個單元類似，但是對於學生學習態度的觀點相差很多。我是讓學生能夠自己製造生活上可能可以使用的物品為主要教學目標。透過同儕分享實驗結果，和天氣的配合刺激同學學習科學態度。但是學生經常將「標準答案」當成主要的學習項目，也會對於熱能的釋放有些迷思概念；這是我要突破的教學盲點。

鼻涕蟲的製作

這是一個討好的實驗，經過我五、六年的改進，它已經成

為一個無敵教案。不少人認為這是教導學生認識高分子化學的最佳工具之一；我無意否認它的這項功能，但是我更強調學習上的快樂對於學生的正面刺激。至少我反省了我這些年來的學習，沒有快樂的學習發生過，有過的話，也是因為我的成績比同學好，受到老師的讚賞時的短期快樂，而不是發自內心的快樂。如果學習化學可以帶來快樂，那不是鼓勵學生學習化學的最好工具嗎？你也可以試試看，到雜貨店買一些硼砂粉，加些水到無法再溶解（也就是飽和水溶液）時，再拿著膠水一起玩玩看，你也可以透過不斷地嘗試找出你心目中最好的配方。這種玩具 DIY 的構想是國內相當缺乏的生活情趣之一。

指紋顯現和指印作畫

這也是國外的教案加以改編而成的。將含有指紋的紙張放在優碘水溶液上方燻一段時間，就會看到指紋慢慢顯現。透過手汗裡含有鹽分、油脂、水等物質，我們也將教案延伸到隱形墨水的製作。但是這些都還是科學的發現，可能無法滿足各種類型學生的學習需求，所以我們也將教案延伸到美勞科的指印作畫，達到學習循環的第三項要求：應用。

海底花園

依稀記得這個教案我國中的理化老師曾作示範給我們看，三十年了，我還記得，這顯示它的影響深遠。將一些無機鹽類

靜靜地放到水玻璃水溶液中，就可以觀察這些無機鹽突然間像是有生命的物質一樣，向上生長。由於不同的無機鹽類會有不一樣的生長模式和顏色，所以可以在嘗試各種無機鹽類之後，用一個透明的容器佈置一個「海底花園」，達到美學的欣賞。

衛生棉的檢驗

　　這是另一個具有爭議性的單元活動，但是一位朋友反映說，他的親戚上過我這堂課以後才開始關心自己的日常生活用品，其實這就是消費者教育的實際措施。國人對於消費品通常不求甚解，抱持著有錢就可以買到好東西、或是「花錢消災」的態度，難怪有一大堆的衝突來自於消費者和服務單位的不同觀點。其實商業界早就在做消費者教育，但是通常會隱藏一些事實，消費者如果能夠具備基本的科學態度，就可以不要再受騙了。

悶熄蠟燭

　　這個實驗的目標是要讓學生了解科學態度的培養遠比科學知識的有無更加重要的活動。透過學生原先認為水位上升是因為氧氣佔了空氣的五分之一所造成的，但是實際上是因為空氣的熱脹冷縮所造成的過程中，去體會科學典範轉移的困難，以及只要有科學態度就不用害怕吸收更新的科學知識。曾經有位博士朋友說熱脹冷縮只是這個實驗的一個部分原因，但是這也

說明學位高低和科學態度沒有相關性。我們曾經用純氧做實驗，結果和用空氣做實驗幾乎一模一樣，何況通常蠟燭的火焰並沒有將密閉容器中的氧氣消耗光就熄滅了。所以要學生由過時的科學理論跳到新的科學理論是很困難的，就像哥白尼提出新的科學證據，卻被當時的科學家認為是妖言惑眾的邪說一般。

愛玉、再生紙、燒仙草、石花、手染布

這些活動的主要目標是要讓學生體會一些原本就在生活周遭的實驗，卻因為家政課將這些活動當作它們的專利，而讓學生失去良好的科學學習機會。其實文明是不斷地演化，也透過不斷地科學實驗找出更符合當代的文明。這些科學活動的實施也能夠配合各地的鄉土教學活動，讓師生更加了解各地的特色是如何演化出來的。

三角檢核：
我如何檢驗學生和我
自己的專業成長

　　長久以來，我一直困擾於國內大專院校要教普通化學的事實。當我們面對非自然組的班級時，學生對於化學的恐懼經常隨著課程的進行更加惡化。面對自然組的班級時，卻又不得不靠著原文的化學書籍逼迫他們閱讀普通化學。反正就是一種教授和學生之間的躲貓貓遊戲吧。師範院校又是大專院校中有獨立特色的一群，師院生畢業後主要是當國小教師，不是從事科學研究。我們經常發現師院學生畢業到了國小後，卻又沒有能力在小朋友面前教一些和化學有關的課程。這個矛盾一直困擾著我。這和我國的教育制度有絕對關聯，但在美國又是另外一項完全不同的制度。讓我先說明我對於師院生要選修普通化學的觀點，再談我在這種情形下的對應方式，以及我在對應後教普通化學時對學生的期盼。

　　國外的高中生一般而言在自然科學領域方面只須選修三到六個學分即可畢業。所以學生很可能依據自己的興趣選修自然科學領域中化學、生物、物理或是天文／地球科學中的幾個學分，就從高中畢業了。到了大學後，各大學通常先舉辦能力檢定測驗，讓學生可以抵免學分，可以更有效地選修大學課程。所以選修過高中化學的學生如果程度不錯，通過鑑定考試後，就可以選修更多化學專業領域的學科，或是選修其他自然科學領域的學科，甚至完全抵免自然科學的領域，而選修喜歡的領域。不管是加強或是逃避的心態，美國的大學生通常在大一那一年選修化學，但也是在檢定考試和高中學生可以自由選修的配套措施下採用的。

　　反觀國內，高中生對於化學的學習大致分為兩大類型：自

然組和非自然組。後者通常在國中時已經對自然科產生討厭的感受，所以想避開自然科學的繼續殘害。對於他們而言，化學是一門讓人無法忍受的科目。開給他們的大學化學內容雖然簡單，但是他們在害怕的情形下還是盡力避開。文科學生如果還必須選修普通化學，大致上就採用低標準的中文課本了。（好奇怪，中文課本就比不上原文課本的功力嗎？）至於自然組的學生在大學都必須修普通化學，幾乎不理會學生對於化學的原先了解程度。要求原本不擅長化學的學生學習化學是說得通的，但是如果學生對於化學已經很不錯，卻鮮少見到配套措施。我在高中時化學學得很好，當新鮮人時對於普通化學就沒有任何新的學習，有的只是浪費時間。後來我發現原來任何一本原文的普通化學課本在內容上都比不上我們高中化學課本。我就讀高中時的化學課本就是如此，歷經將近二十年的研發後，高中化學在內容上增加了好多倍，當然就比原文課本涵蓋更多內容了。大學教授為了避免學生反彈，就選擇了原文課本，希望透過它讓學生在學習時還必須戰戰兢兢。但是這樣的教學是否能達到原先預定的目標呢？或只是讓學生更加害怕學習呢？這或許是見仁見智的問題了。

　　但是對於師院學生而言，化學的學習是希望他們在小學教學時，能夠喚起小學生學習化學的興趣，而不是在小學生問他們有關化學的問題時直接給答案，否則每個班級連接電腦網路，讓學生直接查詢各大專院校化學相關科系的網站就有答案了，根本不必小學老師這一行業。換句話說，老師是要教一些課本上沒有呈現的內容，而不是指揮學生統一閱讀課本內容。

所以我一直認為在師院普通化學是要協助他們喚起國小學童在這一方面的興趣，當然也必須要先喚起他們對於化學的興趣，進一步才能協助他們去引導學童有效的學習。和醫學院的訓練犯同樣毛病的師範生訓練，最理想的境界是讓學生先學習各科的教材教法，並且實地到國小實習這些教材教法的魔力。等學生覺得他們有強烈需要學習化學的知識和技能的時候，再將化學和其他專業科目開設為選修課程給學生學習。這時候選修的學生有強烈感受需要加強，就會以打破砂鍋問到底的態度認真學習。這和目前的制度幾乎完全顛倒過來，目前的制度是學生幾乎沒有感受他們需要學習化學的原動力，所以經常混過去就好了。

既然目前的制度和理想不能配合，我只好先在體制內改革，在教導化學時進行類似化學科教材教法的課程（其實這些課程也經常出現在國小科學展覽的項目上）。當然啦，傳統教授化學的方式無法達成這一目標，所以必須向外發展找尋資料。我依稀記得剛開始教職的時候，為了找尋適當的教材而幾乎無法入睡的那種感受，既要讓師院生感覺不是重複過去的學習，還要能夠讓他們學以致用地運用到國小教學，簡直就是天方夜譚。最早的時候只有少數幾個可以充場面的教案，其餘的教學時間就只好用課本填滿。對於這樣的安排，我自己有一種罪惡感。但是幾年下來，在不斷嘗試之後，我收集了足夠的教材，也進入教材發展階段和協助學生發展教案的階段。這樣的教學讓我覺得教學是非常有趣的一件事情，希望能夠和更多關心教育的朋友分享，所以提筆寫了這本書。

　　當然在開始探討學生對於課程的真實了解之初，我曾經用比較粗糙的方式進行評量。那段時間我也常常受到學生對於我的評量方式的質疑，他們認為我會因為他們和我的關係增減分數。他們甚至希望我將紙筆測驗當作唯一的評量方式。確實我也曾認真思考他們的要求，但是在仔細分析國內外的一些文獻之後，我傾向於採用所謂的真實評量。換句話說，我的教學評量反映我的教學重點。既然我的教學重點是希望學生能夠學會一套可以運用到國小教育的化學教學技巧，當然就要評量他們到國小教學時的能力。但是，有誰願意提供國小學生當作我們的實驗品呢？或者說，只為了我的想法，為什麼要讓別人犧牲他們的子弟當作我的實驗品？在一些因緣之下，我有了嘗試的舞台。原來在九年一貫的課程要求之下，每個老師都要具有課程設計、執行和評量的能力。透過行政管道，有些國小校長認為我的構想可以試試看，嘗試實習的機會就定位為每個學校的彈性時間。我就在這樣的機會下開始實驗我的教育新構想。一九九八年跨出第一步，當然有些瑕疵。我繼續探討瑕疵的可能性，和避免類似瑕疵再次出現的可能性。很高興許多學生在這樣的安排下有不錯的專業成長，有三位學生甚至在一九九八年的暑期嘗試全新的構想，也有出版社出版他們的成長（《帶孩子走出教室》，台北：世茂出版社）。我也運用這樣的方式到各個班級，發現可以讓我和學生之間的互動更趨理想，讓學生可以主動學習新的教育理念和落實方法。所以我認為這樣的成長──我的成長和學生的專業成長，需要和更多具有相同理念的教育界朋友分享。

　　為了分析這樣的教學模式對於學生專業成長的影響，特別是是否改變他們在國小教化學，我採用了行動研究中的三角檢核方式進行分析，它們分別是：㈠學生在課前課後的心智圖改變、㈡我的個人教學日誌，和㈢學生回校後依據我上課內容實地上課後的期末作業等三項。我還在思考透過電子郵件方式隨時和學生討論他們的學習，但是工程浩大，目前還只能在一個班級實施，就已經讓我每天花費三個小時閱讀和回覆學生的電子郵件。不過如果能有更多元的方式證明這個構想是正確的，就不必局限在「三」角檢核上了。

　　三角檢核其實是我很早就知道的研究工具。但是一直到我在一九九九年的一次工作坊，聽到行動研究最重要的是它對研究者要有意義。是的，在師院教了幾年書以來，我最盼望的就是能夠協助學生發展他們的教學專業，所以我當然應該將我的專業成長透過行動研究反映給其他朋友，也是我將教學和研究完全結合在一起的開始。

　　採用三角檢核的分析強調學生對於化學的觀點，或是他們對於化學的典範是否會因此而改變。我用了心智圖當作學生對於化學典範的替代品，雖然不是唯一的做法，但也差不了多少，何況還有其他研究工具一起搭配。

　　典範是一個比較學術性的名詞，簡單點，就是大多數民眾對於一個概念的觀點。例如原始時代的人類認為地球是像「天圓地方」的一塊四方形、一個不會轉動的大地。現代人類對於地球的觀點則是「繞著太陽公轉且會自轉的星球」。兩個時代人類對於地球的認識就是人類對於地球的科學典範。學術研究

指出一個人的典範影響那個人在典範相關領域的行為。所以我就是想要了解學生在修過我的化學課之後,是否會影響他們原本對於化學的認識,以及學生對於在國小教化學相關課程的觀點。

典範的重要性是我在執行環境教育的研究時,發現關心環境保護的人士對於環境保護和經濟發展所抱持的典範是偏向於前者重於後者。這樣的典範和一般民眾所抱持的典範有相當差異。換句話說,典範可以當成一個人對於某件事情可能採取哪些行動的預測指標。所以如果一個國小老師從過去的求學經驗中認為,化學就是背誦化學方程式,或是平衡化學方程式、周期表的背誦等等,她在教到相關單元時,就會自然而然地讓她的學生採用背誦的方式學習。如果一位國小老師在求學經驗中對於化學只有恐懼感,我們如何要求他在教到相關單元時能夠讓學生喜歡呢?這是我在這一研究當中採用典範轉移當作重點之一的原因。

由於這班曾經修過另一位老師的普通化學,是否會因此影響我的研究,也值得探討。但是我相當強調學習效果要先有基本的喜好、至少不會有恐懼感,才會有真實而持續的效果。或許這和我在國中時曾經因為英文很爛,經常和其他兩位好朋友一起被老師處罰、污衊,而讓我對於英文的學習產生極大的排斥感,簡直是看到他的身影我就提不起任何學習的意願。後來勉強將英文救回來又是另外一個故事了。所以我比較強調先消除學生對於學習科目的恐懼感,下個目標才是產生興趣,最終目標才是學習到該科目的相關知識。我甚至認為這才是國小教

學的主流方向。我很高興我在環境教育典範的研究能夠運用到我的實際教學改善方面，也是我認為這樣的研究對於自己有很大成長空間的原因。

第二項工具是我的個人教學日誌。我在上課時隨手拿著小紙條將我對於學生的學習情形寫下一些關鍵字，上完課後回到辦公室再針對那些關鍵字回味各個當下的感想、觀察，加以闡述得更詳細，並且直接輸入電腦存檔。有時因為上完課已經累壞了，我就趁著第二天早上還沒有上課之前的空檔，將資料輸入電腦。當然在這種教學情境下，老師在上課時簡直就疲於奔命地應付每位學生的問題，總是會有漏掉的資料；所以有時在過了一段時間後，才因為一些相關事項聯想到某一天發生在課堂上的情境，也會補足資料。教學日誌的撰寫讓我有更多的時間反思我的教學，特別因為用電腦寫作的速度遠比不上我單獨思考、只在腦海中反省的速度，所以經常一邊寫著，一邊又有新的感受出現，是更理想的反思機會。不過這樣的反思也有缺點：太累人了！經常拖著疲憊不堪的身體回家，還可能要接受家中兩個小朋友的摧殘，難怪很多學者鼓勵國小教師做這些教學的反思，卻幾乎沒有人實地去做這樣的研究反思。

我的教學日誌分析學生整個上課過程的「慢動作」改變，是點點滴滴地記錄，但是相當主觀，是我個人詮釋學生學習的改變。大致上我的教學日誌可以反映上課時全班同學對於這種教學方式的適應情形。比較具體的例子就是我在第一天幾乎花費全部時間，和班上同學說明我教學內容的範圍和風格，當然也包含了我對每位同學的期盼。記得當時有隔壁鄰居的三個小

朋友來班上「玩耍」，我的教學就因此受到許多遷就。我並不想見到小朋友無聊的樣子，但是又不想先拿出一些好玩的活動給小朋友玩耍，因為我對這班同學根本就還沒有半點概念，萬一因此而天下大亂不就完了？這些都反映在我的教學日誌上，可以當作資料分析時的重要參考。

另外，我的教學日誌反映某些同學學習上的特殊經驗，例如這班的班代在整體的學習過程當中算是傳統教育裡很乖的學生。她除了幫助同學訂購書籍、實驗藥品以外，每一次的副學習中都可以見到她熱心地協助清洗，或是指揮同學一起幫忙。在做氧氣製作時，她負責將各種生物性物質切片分給各組同學，只是偶爾到各組去巡視實驗結果。慢慢的，就見到她實驗的時候提不起精神，反而是我在講解實驗結果時，她就精神百倍地抄筆記。或許她就是那種適合傳統教育的學生。我是否該為她的學習方式另外開一班呢？或者是在教學的過程當中多多給她一些導引呢？我一直相信這類型的學生如果能夠將他們適合傳統教學的部分透過動手操作，學習效果將會有多麼神奇呢！可以預測的是他們絕對要有一段摸索階段，就像他們當初能夠學到適合直接教學模式一般的摸索。這樣的論點也反映在她期末的心智圖，她是這麼寫著：「我想回到學校後的我，可能會改變我以往上對下的授課方式，而讓學生有更多一展長才的空間，不要再壓抑孩子的思考模式，讓孩子學習生活技能，而不是一味地死讀書」。這樣的心智圖改變加上我的教學日誌確實是強而有力的一種驗證。當然如果再加上她回到學校以後享受那種教學上所帶給她的愉悅，改變她教學模式的期盼就很

可能實現了！

在呈現這本書的時候，我決定將整個教學日誌完整地呈現，然後在分析時才加以摘錄可以參考的部分。這麼做其實對我個人來講有一種極大的不安全感受，幾乎就是在大眾前面赤裸裸地讓每個人看我的內心，這是一種很奇怪的感覺。但是就像我在前面提到的一點，當我看到行動研究專書提到許多可以做的研究方式，卻極少有教師願意嘗試。是否因為他們不了解這個方式其實就是他們每一天的反思呢？也或許因為他們每一天的反思根本就很少有任何和教學有關的部分，所以很難進入狀況。既然這樣，我還是希望以野人獻曝的方式讓有興趣的老師了解要進入行動研究不難，要改進自己的教學也不難，難的應該是進行反思時的身心疲憊吧！

學生在課前課後的心智圖改變（第一項研究工具）則是學生個人主觀的反映，可以補足我個人主觀的缺點。課前的心智圖是在我剛接觸這班同學，還沒有任何正式的教學之前，我要求全班同學拿出一張紙，然後將他們對於化學的任何聯想以一個像極了八爪章魚的圖形表現出來。化學位於圖中央，有點像概念圖，他們對於化學的聯想則寫在八爪章魚的觸角部分。為了消除同學可能的懷疑，我還必須強調這不是考試，只是想要了解他們對於化學的原先觀點，才能依據這些資料提供適合他們學習的教學內容。這一點也相當符合建構教學的論點：老師要先檢定學生對於學習項目的前置經驗。但是它不是我診斷學生前置經驗的唯一工具，而是幾項工具中的一項。

學生在課後的心智圖則是在最後一堂課，二月十二日上完

再生紙、手染布、泡泡營等活動，已經不再有正式課程之後，要求學生再寫一次他們當下對於化學的聯想。如果能夠在每天下課之後留下幾位同學訪談他們當下的感受，形成連續的心智圖，效果會更好。這個構想因為這一班在寒假期間課程安排過分緊密而無法實施。在學期中的假日班裡，這樣的構想或許就可以輕鬆執行，因為學生在上完課後有一段空白時間。這也是執行這種行動研究最美好的立即反思所帶來的修正方向，讓我能夠隨時修正教學方式，讓更多學生產生更加有效的學習。

讓我再以剛剛那位同學的心智圖改變為例子，說明前後心智圖改變的功能。在學期開始的心智圖上她對於化學的聯想是：挫折感、老師的殺手、學生的剋星、爆炸、考〇分等負面的感受或是經驗；也有一些比較正面的聯想，像是膽大心細、好玩、刺激、surprise、發明。當然也寫了一些和化學的刻板印象頗接近的瓶瓶罐罐、藥物、實驗、科學家、DNA、化妝品等。在整個心智圖的正中央除了化學兩個字以外，還添加了一個可愛的笑臉，或許正向我訴說著她也希望我能夠在這堂課給她一個象徵著笑臉的學習機會。她的前心智圖也反映著這班學生對於化學的主要觀點：化學是一門需要記憶的科目、化學需要用到很多可怕的藥品、化學是他們求學過程當中的痛等等。

在學期末的心智圖上，她改用文章的方式說到「上了兩個星期的化學，對化學仍舊是不甚了解。而這兩個星期也只是消除了我對化學原有的恐懼及陌生感。在安全無虞的大前提下，學生可以馳騁在發現問題、研究、探討奧妙的快樂氛圍中」。是的！對她而言，或許只是消除了她對化學原有的恐懼和陌生

感這麼一項小小的功能；但是對我而言，十幾天的課程就能夠消除她長久以來對於化學的恐懼和陌生感，而不是加深這種感覺，已經是非常不得了的一件事！顯然對於這些原本對化學有著莫名的恐懼和陌生感的學生來說，我的這種教學模式能夠在短短的十幾天內完成我當初設定的功能，我已經很高興了！當然我還清晰記得另外一位同學——秀樺，在開學的時候告訴我她對化學很害怕，我在這十幾天的課堂中，只要有機會認識同學，我都會問她對化學是否已經不害怕了，她在心智圖上的改變也很值得分析。不過我的課程絕不是只為了「補救教學」這項功能，專為那些不喜歡化學的學生而開設的。原本對化學就很喜歡的同學是否能夠更具體地找到研究的方向；介於兩者之間的同學，又會有什麼樣的改變呢？這些都可以在學生的心智圖改變分析上見到效果。例如班上有幾位同學在一開始學習時，就很活潑地參與實際操作、討論實驗方向，這些看起來對化學比較有興趣的學生在這樣的教學模式之後，是否能夠有另一種層次的學習？換句話說，同樣的教學內容，但是在學習循環的教學方式下，老師適當地引導可以讓不同程度的學生都有發展的空間，要的只是老師要改變自己的角色吧。老師如何讓自己從知識的傳授、灌輸者的角色改變為教學情境佈置，觀察、記錄學生學習，並且適時導引學生學習才是目前教育的方向。

　　心智圖改變還有另外一點是我剛開始沒有預料到的效果，學生期末的心智圖突然有一大半是以文章的方式表現出來的。這個意外的效果讓我重新思考學校教作文的方式是否仍有改善

的空間。記得我還是學生的時候，老師經常是在黑板上寫了一個作文題目，就開始寫作，然後就是將作文交給老師評分。對我來說，作文課就是無病呻吟的一種課程，相當無聊。當我閱讀過這群學生期末的心智圖之後，我發現雖然他們的文章中很可能給我戴高帽子，但是文章都相當通順。所以我想到，作文原本就是要讓學生先有感動，然後才能夠將他們心中的感受寫出來分享的，這才是真實的文章。**顯然，作文不該和國文畫上等號，而是透過各種情境的安排讓學生能夠先有所感受，才能有高水準的文章寫得出來。**原本我只是在課堂上和他們分享一些單元可以當成課程統整的工具，讓學生在完成一些好玩或是腦力激盪的單元活動之後，將他們的感受寫出來。我甚至於和這群學生分享說到，如果將李白或是白居易關在四面牆壁的教室上作文課，或許我們現在就見不到那些高水準的文章流傳了。我也和學生分享一個道聽塗說的新聞：一位國中生的作文從頭到尾沒有任何缺失，都讓老師感動萬分；卻在文章的尾端見到「最後，我爬上樹摘下紅透了的番茄給爸爸媽媽吃」，這就是目前坊間作文班正在摧殘學生創意的具體表現吧。

　　學生回到他們任教的學校後實地上課所寫的作業（第三項研究工具）要求，是在上第一堂課時就透過講義和我的親身說明的。為了讓他們更清楚我的要求，也把過去寫得不錯的學生作業拿給他們參考，但是也強調這些作業是當作參考而已，我更希望他們發揮創意，讓他們的作業能夠更加適合他們自己的教學風格。學生必須要根據我上課的教學內容回校實地試教，頂多依據他們的個人特色作些微更改教學風格而已。教學日誌

上還反映著學生透過該班導師希望我能夠將兩個單元的要求減少為一個單元。為了這一點，我提到去年的同學用這些作業去應聘教職成功的案例，希望他們還是寫兩個單元。

這樣的作業要求我把它說成是「快樂的學習，但也要為未來的工作準備才說得過去」。我把這項作業要求比喻為各項技能教練要求學徒模仿他們各項技能的表現，可以達成瀑布效應的效果，更可以見到學生是否已經能夠掌握這類教學方式的特色。這樣的要求是我在分析其他技能性的專業人士在訓練學徒時，總是由師傅先示範給學徒看一項技能，然後再要求學徒依照師傅示範的技能反覆練習幾次，直到熟練為止。學徒如果想要創新，也經常是在熟練師傅的技能之後再去開創新意。但是在教育界的訓練，教授在講授新的教育理念時，通常還是採用直接教學法的方式進行，卻要小學老師回到學校後，能夠採用新式的教育理念，讓小學生能夠享受到新式教學法的好處。我就用《魚就是魚》[1] 這本書說明大學教授示範新式教學法對於教育改革的重要性，給我的學生了解它的功能。

這個論點和目前一些教師研習會舉辦的專業成長團體不

1　　《魚就是魚》是一本描述池塘中一隻小魚和蝌蚪的故事書，由洪建全基金會翻譯。它說到魚和蝌蚪原本是好朋友，但是因為蝌蚪的身體逐漸改變，甚至變成青蛙，跳出池塘後才見識到外面的世界多采多姿。當青蛙跳回池塘告訴小魚牠在外面世界的所見所聞時，小魚只能用牠的眼光幻想外面世界的各種動物。所以在聽到青蛙描述動物時，小魚的腦海出現的是有著小魚身體，加上青蛙所描述的其他肢體的奇怪動物組合。

同。對於這些研習會的主辦單位而言，國小教師的專業成長研習，就是邀請某個專業領域的專家給國小教師長期指導，例如昆蟲認識、蕨類植物辨認、數學進階班等等。這些專家認為國小教師如果對這些領域的智能有更多的認識，當他們在教這些單元時就可以教得更好。但是如果國小老師在這些專業領域方面，是在他們大學階段才學習，將這樣的知識轉化到國小教學會是什麼情境呢？會不會又將老師當成提供標準答案的人呢？這樣的教學常常讓學生在國小畢業之前，就自認學到全世界的知識了。更有一位《What a Wonderful Idea》的作者提到：「我一輩子該學的知識，我都在幼稚園學過了。」她就發現老師隨時提供學生標準答案的結果，會抹殺學生的學習慾望，才提倡老師擔任學生學習時的引導工作。這對我的教學典範產生巨大的影響，也讓我採用典範探討學生對於化學教學是否能夠改變。最近的九年一貫課程研究人員就發現，老師將自己定位在答案的提供者身分上，也和我的觀點相當符合。

　　從過去幾屆同學的作業反映，我知道這類型的要求在各校實施之後，隔壁班的學生常常會抗議他們為何沒有同樣的待遇，而產生骨牌效應地讓試教的學生可以連續教許多班級；反覆練習這樣的教學更讓我的學生在教學技能上收到立即回饋的效果。甚至見到國小學童放棄下課時間繼續操作實驗的現象，老師在這種情境下也得到教學的回饋。至於建立這樣的「立即回饋系統」的構想則是由企業界借過來的。當初會有這一構想也不是我突發奇想，而是在閱讀一本由石滋宜博士所寫的《學習革命》所獲得的感想。他指出目前的教育是「用過去的教學

模式，訓練現在的師資，去教未來的學生」。學生在師範院校學了很長的時間，卻沒有機會看到他們的學問是否能夠在真實的學校運用；等到他們畢業之後，要運用新的教學法時，卻沒有足夠的後勤支援他們的教學，所以最後的結果就是「**這些老師的教學模式反映他們當學生時的教育模式**」，也難怪教育改革的路很難走。這樣的訓練模式也常常出現在醫生的訓練，所以不少醫學院的學生學到最多的，竟然是他們的駐院實習階段，這不是像極了師範院校的學生也常常反映，他們在教學上的學習也是以駐校實習時學得最多。另一個類似的觀點來自於多元智慧的工作坊的啟示：教會其他人我們剛學會的一個概念或是技能反應最高的學習方式。所以如果先讓學生挑選我教過的一些單元，並讓他們到國小實習教學，當他們的學生學會時，也代表我的學生已經熟悉那些技能和概念了！甚至已經學會在國小教這些技能和概念時可能產生的其他問題。

　　石博士的另一項論點讓我深受感動。他的論點是建立「立即回饋系統」對於教育可能產生的影響。沒錯，在這功利社會中，學習一項知識或是技能卻要等待四年的時間，才能夠知曉這些知識或是技能的功效，是個投資報酬率極低的抉擇。就教育主管單位而言，投資要有效率就要思考新的方式，先解構師範學院的課程，然後才能夠重新建構符合二十一世紀的師範院校課程架構。從學生的學習角度而言，師院生既然無法了解他們學習的各項課業對於他們未來工作的功能，就會在黑暗中摸索，各憑本事，自求多福。難怪許多師院生在畢業後強調，他們在師院學習和國小教學最相關的，竟然是社團的實習試教活

動或是駐校實習。前者在其他一般大學也有類似社團到國小試教實習，在國小師資培訓開放給一般大學之後，師院怎麼可以還依賴這樣的模式訓練未來的國小教師呢？

透過立即到國小嘗試師院教授新的教學模式，師院學生可以立即感受到這些教學模式在國小實際教學時可能會有的優缺點。回到師院和教授討論這樣的優缺點的原因，並且加以分析各項教育學理在教學時的運用，更讓學生理解師院課程的架構；這是我向企業界學習的教育理念。有些學生在修畢我的課程之後還經常和我討論各種教育改革的訴求，其中更有同學在修教育課程，任課教授提到某個教育學理時，竟然喚起他們到國小實習時某個小朋友的影像。這對我而言就是教學理念應用到教學技能的建構，也就是教學技能的建構，它能夠讓學生主動學習。

讓學生反覆練習我的教學模式的訴求，也反映在過去我教過的類似班級，我到一所國中執行學習站的過程（隔壁班的學生甚至要求他們的老師也提供類似的家事課程），我帶領大一學生到板橋國小、三重重陽國小試教，以及基隆文化中心帶領兒童科學營的經驗上。至於透過我的安排，到附近一些國小試教的學生，就要看他們將試教機會看成是權利或是義務了。對於那些將試教機會看成是我幫他們爭取到的權利的同學而言，他們在教學上已經有不錯的成長了；但是對於那些認為是在幫我盡義務的學生而言，義務就是義務，只要完成就好，他們比較不會考慮到教學上的成長。這些教學安排都會在往後陸續發表，和大家分享。

學生在課前課後的心智圖改變

對於這樣的分析我也曾相當矛盾過。我是應該整體地分析，好讓我保持完全客觀的態度，或是加入許多我的個人感受，好讓這樣的分析成為我的個人成長呢？一段時間的衝突之後，我決定先以整體的方式分析全班同學在課前課後的心智圖，然後再挑選幾個比較具有代表性的同學的心智圖改變作深入的分析，以便這樣的分析能夠讓我有改善自己教學的機會。

學生上課之前的心智圖聯想

整體而言，同學們的心智圖在上課之前大致上可以區分為一般的化學知識、化學實驗相關器材藥品、和環境或是人體有關的化學、他們對於化學的感受、化學應用到日常生活的例子、和國小有關的化學，以及化學相關的資訊（例如哪裡可以取得化學相關資料）等幾大類。又以前三項資料最多，例如周期表、元素、原子結構、化學方程式、反應物／生成物、計算題、石蕊試紙的酸鹼測試、混合物、溶液、試管、燒杯、能量、熱等和化學有關的概念。這些是多數學生學過化學之後對於化學的認識。周期表的背誦、各元素的相關位置、原子結構（包含原子序的排列）、化學反應方程式的平衡、計算都是許

多國中學生的噩夢。但是這樣有組織系統的化學其實也是在最近這兩百年左右才開始的（化學是比較晚成形的一門自然科學學科）。如果學習化學就是希望透過這些知識和技能的學習而讓學生產生恐懼，就不是好的教育模式了。學生對於化學的感受也多數和這些知識的學習有密切關聯。

在應用的例子方面，學生多以化妝品、食物、清潔用品為主，很少提到他們在教學上可以延伸的運用。科展應該是學生認為和國小教學唯一有關的項目吧！其實化學和每一天的生活都有關聯，衣食住行幾乎都離不開化學的運用。學生窄化的聯想似乎說明他們學過的化學是為了考試做準備而已。缺少生活層面的教學聯想也是讓學生對於化學產生恐懼的重要因素吧！

學生幾乎很少提到對於化學的感受，如果有，則以正面感受居多，例如趣味性、有趣的實驗、好玩、遊戲、刺激、歡樂、充滿驚奇魔術，或許是他們上學期的任課老師讓他們做了一些簡單的實驗吧！負面感受相對於正面感受少了一些，例如挫折感、考○分、恐怖、緊張、難懂、中毒等等。或許這和學生在面對新的老師時不敢說出內心話有關聯。由我的教學日誌可以清楚發現，在學習單分享時，有許多學生提到他們其實很害怕化學，但是更害怕老師對那些害怕化學的同學施加壓力，才不敢提到他們對於化學的恐懼感受。這樣的悲哀還真是讓我不知所措。

秀樺（開學時向我反映她很害怕化學的一位同學）在她的心智圖上寫到：化學實驗、周期表、化學式、化學藥品、酒精燈、藥劑師、老師和自然界。這些聯想除了老師這一項讓我不

知道她想表達的是什麼之外，其餘項目都是標準的化學學習項目。她會害怕化學也因為這些項目而來。另外一個男同學——生伯——一位相當保守的代課老師，也有類似的項目出現（除了增加化學獎博士和工廠之外）。

　　所以我們可以暫時歸納這群學生在沒上這門課之前，對於化學抱持著學習化學相關知識的心態。他們也近乎認為學完化學、考完期末考之後，就可以和化學說再見了。至於在國小教化學相關的課程就不是他們的責任了，這是他們初期的心聲。

學生期末的心智圖

　　期末的心智圖就顯得多采多姿。多數的學生反映著嘗試錯誤的精神、生活的、隨時可得、探索奧妙、千變萬化、自由自在、遊戲、魔術、有趣、用手動腦、（創意）思考、神奇、主動學習、自己動手做（DIY）、並不可怕的藥品、激發靈感、享受找尋答案的甘與苦、FBI秘密大破解、追根究柢、自動自發、值得探究的一門學問、與生活相結合、培養研究精神、無法預測的嘗試、輕鬆愉快的學習、製造樂趣和驚喜的過程、盡信書不如無書、有懷疑才有進步、不斷改進、成功失敗一線間、瘋狂的思考和創造、大家一起玩一玩（真正的玩喔）、化學藥品和實驗也可以回歸大自然、「巧婦難為無米之炊」那可不一定喔、珍惜大自然、沒有界線、發明者、不是單一模式、生活中隨處可見的東西、找尋資料、玩耍、讓人忘了年齡、替代學

習、變得有知識、有能力解決生活上的困難、肯改變自己的想法、由操作自己找到答案、肯定自我、？？？、！！！、長時間、成就感、天馬行空、無所不在、懸疑、玩具、引導、做中學、關懷等等，和科學教育所強調的學生自主學習理念相關聯的字眼、形容詞。至於化學相關的知識，特別是一般人所認同的周期表、元素、化學反應都消失了。學生是否將這些知識拋棄，或是已經內化，或是可以當成未來學習的主軸，就可以在他們的期末作業見到真章。

　　讓我先針對這些形容詞和字眼做一番說明，然後再對其他學生的期末聯想加以闡述。上面這些形容詞當中最具爆炸性的應該就是兩串符號──！！！和？？？。從教學日誌當中可以發現，我在課程提到學生進入國小之前是充滿問號和驚嘆號的，代表這些小朋友對於學習是抱持著好奇和驚奇。但是當他們由國小畢業時，對於學校的學習已經厭倦，甚至產生強烈的排斥感。補救教學也因應學生年齡越大而有越多的需求。為了這一點，我的教學也必須讓我的學生在學習當中體驗這樣的驚奇和好奇。兩串符號正表示這些學生已經體驗到這樣的學習奧秘。

　　生活的、隨時可得的、玩具、遊戲、大家一起玩一玩（真正的玩喔）、化學藥品和實驗也可以回歸大自然、「巧婦難為無米之炊」那可不一定喔等等，其實是反映著教學當中我經常提醒學生利用生活周遭的物品當作實驗材料。我們運用校園植物、保健室的優碘、同學為了健康因素而服用的維他命 C 片當作實驗用的藥品。甚至我不認為雙氧水一定要和二氧化錳反

應，而讓學生先到菜市場索取一些生物性物質取代二氧化錳和雙氧水反應。我也運用他們在國小教學時經常面對學生調皮玩耍的手掌形鼻涕蟲做出可愛的產物。小朋友在小學福利社購買的魔術樹也在課堂上可以實際操作。所以學生會有這類的聯想。

　　其他的期末聯想則反應著教育改革時所強調的訴求：統整課程的長時間學習同一單元、老師需要引導學生學習、不給單一答案（成功失敗一線間）、探索奧妙、千變萬化、自由自在、用手動腦、（創意）思考、神奇、主動學習、自己動手做（DIY）、激發靈感、享受找尋答案的甘與苦、FBI秘密大破解（指印顯現）、追根究柢、自動自發、值得探究的一門學問、培養研究精神、無法預測的嘗試、輕鬆愉快的學習、製造樂趣和驚喜的過程、盡信書不如無書（悶熄蠟燭）、有懷疑才有進步（悶熄蠟燭）、不斷改進、瘋狂的思考和創造。這和我幾個月之前閱讀的一本《發現教室內的精靈》有密切關聯。這本書是《經營多元智慧》作者阿姆斯壯（Armstrong）所寫的姐妹書，書中強調學習時如果能夠讓學生有上面這些感覺，就已經是經營多元智慧的教室了。這些形容詞的出現，卻沒有任何負面的感受，特別考慮到期末時寶嵐因為操作悶熄蠟燭時不慎被廣口瓶割到手，送進台大醫院急診才回來，我想應該是學生確實已經享受這類教學的震撼，接下來就要看他們回到學校以後，是否能夠跳脫傳統的講述方式教學了。

　　至於其他同學採用文章方式描述他們在期末時對於化學的聯想，一方面讓我重新思考作文和各科教學的連結，另一方面

讓我感受到學生強烈的學習慾望。這一點也由一位種子教師（至少有一位種子教師在開學時向我要求研習時數）在開學時的要求，和期末她要出國旅遊之前，特別上講台和同學分享一些教學心得，看得出來他們的學習已經由被動接受訊息轉化為主動學習。我就舉幾個例子說明這些轉變吧：

　　　　可拉近親子、師生與人際的關係，讓自己受歡迎（秀琴）。

　　有不少同學在假期間因為找不到照顧兒女的適當人手，而將小朋友帶到教室來。當他們見到這些小朋友在課堂上的投入時，其實已經讓他們了解這些活動對小學生的魅力。班上不少同學回家後將實驗內容和家中小朋友玩一玩，更讓他們發現自己的子女能夠主動學習，所以才會認為可以拉近親子感情。

　　　　打破傳統的實驗結果唯一化，只要多操作與思考、研究與實驗，所獲得的結果並非唯一的（秀琴）。

　　課堂上我只大略說明實驗方向，實際操作是我最希望同學去體會的。當同學有疑問時，可否透過同儕互動增加同學的學習呢？

　　　　我對化學原本枯燥乏味的觀念有了重大的改變。這學期的化學課重在自己去實際操作實驗，而老師並

　　未在上課直接切入，宣佈實驗結果，其目的在培養我
們自己試驗、學習的能力，並且勇於實驗。總之，化
學是既興奮又有趣的課程（生伯）。

　　這是一位比較保守的同學。開學後透過和其他班級的學生
閒聊，我知道他一直希望我能夠將所有標準答案在上課前先說
明清楚，至少在每一次上完課之後能夠有一段時間將學理解釋
清楚。他回學校後在教學上的發展應該是值得觀察的一位。

　　　上課後，認為可以不必再照著傳統的方式了。老
師給了一些基本概念，自己好像廚師，可以自由調配
出自己想出來的方法。老師給我們胡搞瞎搞，看到同
學們大家都玩得非常高興，從玩中去體驗一些事情。
這樣應該比死背一些公式而又不會用，更有意義（金
玲）。

　　胡搞瞎搞是我教學以來希望讓學生能夠有消化所學的機
會，或是嘗試各種可能，並從中找出實驗目標的時間。例如一
般老師在帶領學生做自製的酸鹼指示劑的時候，通常直接切入
紫色高麗菜的切碎或煮沸，並放入吸水性比較好的紙張，就幾
乎代表實驗的結束。但是在生活周遭到處充滿可以替代紫色高
麗菜的植物，甚至連豆漿和牛奶也在考慮之列，只用紫色高麗
菜實在可惜。所以我通常只告訴學生說校園植物也可以拿來當
作酸鹼指示劑，他們的任務就是要找出哪些植物可以有這些功

能、這些植物又有哪些通則可以說明、這些學問對於一般民眾又有什麼功能。換句話說,除了科學知識的具備之外,我更希望學生能夠跳脫純科學去思考這些科學可以讓一般民眾獲得什麼樣的實質效益。所以摸索是實驗時所必需的步驟,這也是科學家從未知找出已知的第一步驟吧!

我甚至懷疑教科書只包含科學家努力許久之後才發現的最新科學知識,是一種嚴重阻礙學生學習意願的措施。九年一貫的課程架構中出現「空白時間」(陳伯璋,民88)也有異曲同工的效益。

> 我想如果我從小上化學課如此輕鬆的話,我的化學應該不會太早夭折吧(金玲)!

這是不是指出國小教育中和自然科學相關的學習應該強化遊戲方式的學習,揚棄知識性的灌輸呢?每個人可以學習的時間應該是一輩子,而不是短暫的學校教育階段。學習初期讓學生產生興趣,具備如何學習的能力,並且盡量減少知識性內容,才可能讓一般民眾在離開學校後,對於學習各個領域還抱持興趣。

> 自從上了這次的化學課以後,使我明白化學並不是只有科學家才能去接觸的。化學這一門課除了和自然課有關聯之外,和其他生倫、健教、美勞、國語、數學等都可有連結,甚至可做課程統整,讓學習和我

們日常生活息息相關，和現今小班教學中的課程統整相呼應，有異曲同工之妙（明鈴）。

這樣的聯想是否說明國小的科學教育不該以訓練學生成為科學家為目的，而是要讓學童產生科學態度，以及對於科學的學習仍保持高度興趣呢？

由於課程名稱的限制，所以我在課堂上只能教那些和化學有起碼關聯的單元，課程統整的方式也就受到限制。但是透過這類型的課程統整，仍能讓學生體會課程統整的重要和可能的方向，也是我在教學上的主要目標。九年一貫的課程中相當重要的概念之一應該就是課程統整的實施，而且是以學校本位（School-based）為主。所以訓練國小教師能夠依據學校特色發展統整課程，應該是師院在面臨九年一貫課程的挑戰時，所必須強化的部分吧！

常聽老師在課堂中說：「學理是拿出來推翻用的，學說隨時要被挑戰」。這些話使人有勇氣去嘗試新的變化，也不再只想到單一的答案。其實每個人的學習模式都不同，誰也不能否定誰的學習方式是錯誤的。學生的智慧發展也有快慢，在學校也不應要求學生達到同一標準。所以我想化學的實驗須在家也可以做，才能延續。因此，如何設計一個情境讓學生永遠存有快樂的心，將是我日後努力的方向（明鈴）。

　　我應該先感謝《活用智慧》的作者史坦堡，以及曾志朗教授兩人在最近的幾場演講中提到這個觀念，和我一直強調學習過程重於成果的教學風格相符合。他們都強調科學史的演變以及所有曾經是最新的科學理論，都被後來更新的發明和發現所取代，所以科學教育應該強調過去的發明和發現，現在人類對於科學的了解，以及未來可能的科學發展等等。如果我們希望學生能夠突破我們在科學上的成就，就必須鼓勵他們嘗試一些我們不了解的科學探索，其實也只是不要抹殺他們的創意罷了！

　　我最近正好有機會聆聽他們的演講，聽完以後深受感動，當然就馬上和學生分享我的感動。另外一個和他們兩人的論點比較接近的應該是多元智慧，是美國著名的哈佛大學教授迦納（Gardner）所提出來的。類似的論點也在一本《多感官學習》上有所闡述，我也在閱讀後和學生分享這些新的教育理念。所以才會讓學生理解到每個學生都應該是特殊教育的教學對象，也就是個別化教學的實踐吧！

　　　　化學就是與日常生活有關的事情，並可以一直從嘗試中學習（秀慧）。

　　　　化學是一門可透過遊戲的方式來展現教學的方法（媄華）。

　　　　「哇！好玩極了。」對我來說真是一大突破，以往視化學為畏途，總以為熟背所有的化學式才懂得化

學。但經過幾天的活動下來，卻有一百八十度的大轉
變。所有的「已知」都是從「未知」透過摸索及嘗試
而來，從摸索中去驗證自己的想法。昨晚我去央圖找
到氧化鐵的資料，從資料中我竟看到鐵粉氧化還原可
用來製作「暖暖包」。那種興奮的感覺真是很難形
容。我更深信，凡事必須主動去探尋、主動去試、主
動去玩，讓化學更生活化（彥分）。

我想彥分在歷經短短的十幾天後就能夠體會整個教學模式
的重點，真是讓我感動。為了讓學生體會科學家在不斷嘗試後
收集資料的辛酸苦辣，我鼓勵他們盡量去找尋資料。這也是我
在課堂上通常不會立即公佈答案的主要原因。也呼應了生伯想
要答案，我卻不給答案的困擾。

化學不再那麼「恐怖」了。它可以變成這麼有趣
的活動。把日常生活中認為理所當然的事，延伸出有
趣的遊戲。例如……總之，化學不像以往所理解的那
麼刻板、無趣，也讓我理解到各科教學也可以是這
樣，只要是有嘗試過、有做過，必定會有收穫（嘉
文）。

很高興嘉文和蕙茹在學習後能夠去除他們原先對於化學的
態度。由期末的心智圖可以發現其實許多同學在開學時對於化
學仍然抱持著相當的恐懼感，但又害怕任課老師會對他們有額

外的要求，才不敢寫出心中感受。至於嘉文回到學校以後，是不是也會在其他科目實施這一類的教學法呢？留待未來觀察是必然的，但是當她開始實施時，如果遭遇困擾，又有誰會提供寶貴的建議協助她渡過難關？或是會受到學校同仁的冷嘲熱諷呢？

　　　化學就是在不斷的探索與不斷的嘗試中，找到一個可能的結果。當然還要包含自己去搜尋一些相關資料，與保有一股好奇、興奮的精神，再加一點傻勁更好，可能還要一點健忘（忘掉自己過去所學的傳統精神），當然還要有國父的精神，「革命尚未成功，同志仍須努力」，總有一天會成功（淑貞）。

　　淑貞確實是一位能夠將我的教學過程描述清楚的同學，就這麼一段話說得清清楚楚的，除了說明她的個人體會之外，我猜她是一位文筆不錯的學生。

　　她也提到典範轉移過程中所需要的重點：**忘掉自己過去所學的傳統精神**。她指的可能是傳統的教學方法：老師教、學生聽課；她也可能是說老師不必傳授知識，而是引導學生獲得知識；也可能還有其他的弦外之音，尚待觀察。

　　　這學期的化學很有趣，都在作實驗，而且都和生活有密切關聯，沒有一定的公式，要自己主動探索、假設、再試驗以找出原因，和以前記憶中的不太一

樣。原來化學是很生活的，並不是學理，也不是一大
堆元素符號。我想孩子們都應該知道，而且也會樂於
嘗試，而不再有任何恐懼（英杰）。

英杰是班上兩位男同學中比較好動的一位，上課時他會隨
時思考，請他發表意見也不會有冷場。我猜他原本就不是會怕
化學的人，現在他學會了讓小學生不會怕的化學，接下來的造
化就看他的了！

我認為化學是——
　　一連串的遊戲
　　充滿期待的「？」
　　預防癡呆的良藥
　　訓練手眼協調的方法
　　挖取他人經驗、促進團體溝通的機會（素慧）

素慧是不是一位善於寫詩詞的人呢？不是很清楚。但是可
以見到她已經將化學的學習和語文表達完全結合了。這不就是
我們希望學生學會的帶得走的能力嗎？

　　化學如要讓我不討厭，即是從我喜愛之處下手，
　一步一步，從沒有知識到一點一滴知識的獲知，進而
　漸漸接納化學。化學是一種或多種元素，加在一起，
　產生各種各樣變化。每種元素各有特色，加在一起又

各有特色。這其中的特色就靠你不斷嘗試去得知。總
之，知識的獲得，要親身去做才會有所得（珍妮）。

珍妮是一位相當秀氣的學生，開學時見到她在實驗時會有
一種奇怪的感覺，做完實驗就要將實驗器材收拾好。這和我在
幾十年前的化學實驗相當接近，老師先講解所有的實驗相關知
識和實驗過程，學生的任務就是走進實驗室，將化學藥品加工
處理後得到老師要的產物，就可以離開教室了。但是多年前我
閱讀一位美國大學的化學教授為了考驗學生求真的精神所寫的
文章後[2]，決定改變這樣的實驗觀念。我個人的經驗也告訴我
那樣的實驗其實是浪費學生的時間居多。

　　自然界的奧妙，等待人們去探索
　　　　由已知→未知→已知　0→？→！
　　　　也可能是 未知→已知→未知 ？！→，→？？→！
　　　　層層相扣，抽絲剝繭
　　學理可以推翻，知識不是學習的唯一
　　過程才是最重要的。

2　這位教授由實驗課本找出四個沉澱實驗，和一個課本上沒有的沉
　澱實驗。最後一個沉澱實驗理論上會產生黑色沉澱，教授卻告訴
　學生結果是白色的沉澱，目的是要考驗學生會不會質疑教授的教
　學內容。結果只有一位學生在全班離開後害怕地問教授，他是否
　做錯哪個步驟？教授卻反問：「為何其他同學給他看到的都是白
　色的沉澱呢？」

#「見山不是山，見水不是水；見山還是山，見水還
是水」#

△上完這門課，有一些感想：

「好好愛地球，日常生活中隨時都是學習」（妙如）。

妙如真是一位相當有才華的學生。用了一些箭頭說明她的
學習過程，更用一些文辭說明她的感受，以及我採用這種教學
方式所強調的「取之於自然，回歸於自然」，結合環保和有效
學習方式。這也是美國的EIC[3]所強調的學習模式。我想或許我
也勉強有能力將這樣的理想結合在一起了吧。

化學是
1. A＋B＝C＋D找出各種於生活中創造的可能。
2. 已知是為基礎，找出反應與變化間可以讓學問更自
   在的教學技巧。
3. 定量、方程式不應抹殺實驗操作的可能與快樂，要
   有導引走入化學領域的提問能力（治瑛）。

治瑛在假期中經常因為找不到照顧小孩的保母，就帶小孩
一起來教室聽課。剛開始還會害怕我是否會不喜歡這樣的情

3　EIC 是 Environment as an Integrated Context 的簡稱，也就是利用
周遭環境當作學習媒體的一種整合式教學模式。經過三年的實驗
結果發現，不只可以提升學生在定期評量上的表現，更能夠讓學
生在真實評量上有很好的表現。

形,但是在幾次互動之後,發現我會在課堂上讓小朋友操作一些適合他們年齡的活動,就放心地在期末帶小朋友來教室玩鼻涕蟲,甚至說要在春節期間讓家族其他小朋友玩鼻涕蟲。她似乎也慢慢體會國小的科學教育不應該有太多定量的課程(例如計算酸溶液的濃度)。

課前課後同學的心智圖改變總結

分析這樣的轉變,可以清楚看到其實在開學時,多數的同學對於化學的學習還是抱持著不情願的態度,但又害怕任課的我會加深他們對於化學的恐懼,而不敢說明他們對於化學的恐懼。

開學前的心智圖大約反映一般民眾對於化學的刻板印象:周期表、化學元素、化學方程式和化學反應式的平衡、化學藥品。如果有一些感受性的描述雖然有些正面的說法,卻可以由期末的心智圖對照說明這些正面的描述不夠強烈,很可能只是希望能夠逃過老師的懷疑眼光吧!

期末的心智圖可以分成兩大部分:全面的正向感受,這些感受也正是目前教育改革所希望能夠達成的教學目標。另一部分的描述說明學生能夠結合化學的學習和其他科目,特別是和語文科的連結。這樣的反映讓我聯想到作文很可能不應該是語文科的專利,而是各科學習讓學生產生感動以後抒發感情的工具。

　　整個心智圖的改變說明國小老師經過這樣密集的訓練，也可以達到改變他們教學典範的功能。但是後續老師們回到學校任教後，如果要能達到全面的教育改革訴求，就必須有足夠的後勤支援。這樣的後勤支援是什麼？誰可以提供這樣的後勤支援？我也不知道，需要時間證明吧！

我的教學日誌分析

　　當我回過頭來分析整個教學日誌的撰寫時，不禁感受到那時的疲憊不堪和教室內的一些場景。從我在開學前的不情願接受密集假日班課程，到我答應珍古德學會的種子教師培訓，都是我成長的歷程。

　　剛接觸這一班時，彼此間的摸索、適應，透過開學時的破冰活動單，迅速消除彼此間的隔閡。唯一感到難過的應該是第一天有三個小朋友來班上旁聽，讓我感受到如果沒有家長的參與，所謂的親子活動根本就是虛假的表象吧。同樣的言語如何讓成年的老師和年幼的小學生達到相同的學習效果呢？一般的親子活動是由父母親帶領小朋友參加，所以解說員只須負責讓兒童聽得懂就好了，他們的父母親應該會配合小朋友的學習而降低自己的語言感受（二月一日日誌）。

　　將教育理念和課程內容轉化為破冰活動單是一項不錯的措施，特別是一位老師剛接一個陌生班級時，除了可以化解彼此的陌生，還可以讓學生透過活動單重新認識他們的同學。當然

老師要學習如何讓他們的教學和教學理念相結合則是一門學問，需要練習。我就將這學期的學習單和對學生的要求當作附錄供大家參考（附錄三、四）。

進入第二天的課程就開始感受到學生似乎已經進入狀況，也或許是「拋棄」了前一天的小朋友吧，我有一種再生的感覺。我也向學生說明「理論是要被推翻用的」，和學習循環的三個階段，希望藉此帶動學生求真的態度。我也是在這時刻發現英杰可以在實驗進行時思考可能的原因，但是仍有許多同學還在「想破頭也想不出來」的窘境。這一天我也嘗試提醒學生將剛學會的酸鹼指示劑延伸到隱形墨水的製作和美勞科教學（二月二日）。

這一天是入冬以來最冷的一天，原本安排在後面的暖暖包製作如果不在今天上完，還有什麼更理想的機會呢？為了讓學生了解教育學理在一般科目教學時的應用，我在思考我的「戶外教學戀愛邪說」可以讓這一班的學生聽聽。過去的經驗告訴我一些上了年紀的學者不喜歡我的那套「戀愛邪說」，但是在聽到曾志朗的演講後，他所提的「理論是被推翻用的」不就是我長久以來要找的合音天使嗎？結果這樣的論點似乎很快就打動這些學生的心，就不知道是不是因為他們是年輕的一輩，多數有自由戀愛的經驗所造成的。

這一堂課也是我超越我自己教學風格的開始，我竟然在課堂上講解所有的相關知識。或許這和上個學期有些學生上過課以後竟然以為暖暖包溫度太高會燙傷身體有關，他們似乎無法了解能量的觀念。既然許多學生可能沒有能量在短期內完全釋

放出來就達到很高的溫度，或是慢慢放熱達到長時間保溫的功能，所以就讓我改變自己的教學風格來教他們。我也在課後提醒他們這樣的改變，希望他們能夠了解改變教學風格不是那麼困難的一件事情。這些改變也讓學生在期末的心智圖說明他們對於國小教育的教學已經有許多改變（二月三日）。

接下來的兩天是我答應陽明山教師研習會，去帶領幼教工作同仁如何帶領幼兒進入自然領域的工作天，下午再趕回來上這一班的課程，對我個人來說是相當傷身體的兩天，也是我安排學生到重陽國小實習的集合日子。幸好有兩個寶貝教案：自製氧氣和鼻涕蟲的製作，讓我有機會可以偷懶。回過頭來看日誌的時候才赫然發現，這兩天為了兩頭跑而忽略了教學的內容，趕緊補了一些教學內容進去。不過我也發現這一班同學是在這兩天開始能夠完全自主的學習（二月五日的紀錄說到「**我想這一班會比金華那一班要強**」）。當學生能夠開始自主學習時，也是我該改變教師角色的時刻了（二月四、五日）。

更出乎我意料之外的，應該是這一班同學竟然做出和坊間所販賣的鼻涕蟲幾乎一模一樣的成品。能夠做出和坊間差不多的成品其實是因為同學們能夠自主安排學習的方式，例如英杰和郁琪這兩組調配飽和的硼砂水溶液體積時「竟然」不是我要求的範圍內：二十西西到八十西西，這適合的比例竟然是五西西的飽和硼砂水溶液加入五公克的聚乙烯醇水溶液。或許是我該開始探討原始教案是否真確的臨界時刻了。不過這兩組同學上課時的反應對我而言，就是自主學習的開始了！我很開心他們又讓我有成長的機會。

在我確定這一班同學已經步入自主學習的情境之後，二月六日我就希望能夠讓他們開始選擇這一學期所有課程的先後順序，甚至一些我原先沒有列在課程範圍內的單元活動。所以在二月六日這一天，在介紹過建構教學和直接講述教學的類比（二月六日紀錄中提到 tiller 和 teller 之間的差距），以及再次介紹學習循環的三個階段之後，我真的讓他們挑選這一天的學習內容。確定指紋顯現之後，當然需要稍加說明整個活動的過程，並且介紹指紋顯現可以同時橫跨美勞教學（指印做畫）、數學指數和機率學的教學，以及自然科學的教學。很快的我就發現有一組同學主動到我這邊索取食鹽。為了確定他們的大致研究方向，我問了這組同學最會問問題的清平，她直接告訴我說很可能是汗液中的鹽分和優碘起反應後，才會讓指紋經過碘液顯現後讓原先隱形的指紋成為顯性的指紋。（雖然這不是正確的學理，但是能夠說出自己的學理不就是科學態度的追尋了嗎？）就因為這樣的探索過程，我在隱形墨水的教案上又多了一個全新的教案，就是先用食鹽水塗寫在紙上，等到食鹽水陰乾之後，再將原紙張放在碘溶液上，碘和原先塗在紙上的食鹽接觸就會有隱形墨水的功能。這一方法還真有它的絕對優勢，可以讓別人不知道我們已經閱讀過他們原先表白的文字，因為碘的固體很容易昇華，過一段時間就會消失。我只能再一次證明這一班同學的自主學習和思考能力正一步一步往前走。當然為了讓他們在教學時有更多的能力，我也順便提到其他簡單的隱形墨水製作方法。

接下來的日子裡，教學已經沒有必要統一進度了，但是學

生還是希望能夠進行相同的學習內容，所以在二月七日的教學是讓他們操作海底花園，或是魔術樹的製作。但是在實際操作海底花園之前，我徵詢了他們的意見。一位同學建議將環保相關的教案集中在一起，例如衛生棉的檢驗、口香糖、再生紙、洗潔劑、肉丸、維他命C等實驗單元全部放在一起。這樣的構想在最後一天確實是讓學生有機會體驗學習站的學習魅力。

為了讓學生嘗試各種魔術樹的製作，我也順帶提到幾類不同類型的魔術樹，例如超飽和水溶液在溫度下降之後的魔術樹製作、水玻璃和金屬離子的反應，第三種才是海底花園的製作。這時候我也見到幾位同學學習「化學」知識的主動意願，例如英杰問我：「這些金屬離子的價位是如何計算出來的？」有位同學反映要在下學期旁聽另外一班的學習，我則認為目前多數國小教師尚未有自己設計教案的能力，所以不準備下一班先教其他教案，而是用相同模式進行教學。

二月八日的教學是比較違反傳統的教學模式，我讓他們檢驗衛生棉的吸水性、螢光劑含量多寡，甚至一般的清潔用品，像是洗髮精、洗碗精、洗衣粉的鑑別等等。可以輕鬆地見到，學生對於這類和他們生活相關的學習是絕對主動的，接下來的好幾天都見到同學繼續拿了家中的清潔劑到實驗室檢驗，這不就是我們所希望見到學生主動學習的精神嗎？

我們當然也探討目前國小進行性教育的方向。滿讓我意外的是，這些在職的國小教師說國小性教育已經讓男女同學一起觀賞錄影帶了。這和大學部同學的見識幾乎完全不同，顯然國內這幾年在性教育方面有些進步了。但是，在和國小五、六年

級學生討論第二性徵的時候,是否也讓學生了解這些和女性同胞密切相關的衛生用品呢?

二月九日的教學就更加多元化。一方面準備巫婆雷克,一方面操作鋁罐和酸性水溶液的反應,還需要指導維他命C的檢定。這樣的教學讓我忙得幾乎沒有時間考慮,就如紀錄中提到「我簡直就像陀螺一樣……可惜沒有這些活動的學習單,否則就是完整的學習站了」。

不少同學一邊玩巫婆雷克,一邊喊噁心,最重要的就是希望我能夠告訴他們巫婆雷克的配方。但是根據原教案設計是希望學生能夠先完全投入巫婆雷克的玩耍,並且能夠在巫婆雷克上設計交通工具,或是在上面建立一個基地。國內的學生似乎太強調認知的部分,卻忽略了學習目標的技能和情意部分。難怪長久以來國內的教育讓學生增加知識,卻忽略了學生的 EQ 培訓。

治瑛問我維他命C如果加熱會有什麼反應。雖然這是一個非常簡單的問題,但是班上只有她想去嘗試,也說明這班同學對於化學原先的恐懼和排斥還沒有完全解決。我也提醒她,可以採用熱油加熱維他命C去實驗食用油和水對於維他命C的破壞力是否相同的問題。

二月十日是我輕鬆的一天,他們去「戶外教學」。這讓我想到戶外教學明明就是某些事情的代表,沒有實際的學習,為何學生寧可去戶外學習,也不願意真實的學習呢?如果課程太密集、負擔太重,教育部又何苦安排這樣的在職進修機會呢?或者應該說,為何要以學分數來衡量他們的所有學習呢?這或

許是教育部要去思考的。當教育部希望全民能夠終身學習的時候，如果我們一直用研習時數和學分當作吸引老師進修的紅蘿蔔，他們也總會有吃膩了紅蘿蔔的時候，那又該如何呢？顯然教育部所頒布的終身學習和老師每一年進修的研習時數在觀念上是相衝突的，需要再仔細研商。

　　二月十一日的活動是我相當在意的活動：悶熄蠟燭。這是幾年前一位同事希望我能夠幫助一位準博士時所意外獲得的教案，它是在探討科學典範轉移的困難，並且讓學生親身感受的好教案。為了協助他們了解科學典範的轉移，我提到信誼出版社的《天動說》這本書中所提到的觀點，當然也提到假說可能成為學說，更可能成為邪說的論點。曾志朗教授所提的「學說是要讓別人推翻用的」論點，也被提出來鼓勵他們發表不同的意見。相當不錯的是有好幾位同學提出他們的論點，差一點就可以完美無缺地說明整個現象。不過我也提到今天所認為真實的科學論證是否會在可預見的未來被推翻掉呢？這些都說明學習科學態度和精神遠比學習科學知識還重要。

　　這一天有件意外事件發生，就是寶嵐在清洗廣口瓶的時候不小心打破了廣口瓶，還割傷了手。突然聽到這件事情還真讓我無法面對寶嵐，但是好奇怪的是她一直向我說對不起，說是因為她不小心才犯的錯誤，讓我擔心了。我倒是認為是我沒有預先能夠具體地知道廣口瓶不適合用來悶熄蠟燭才會有這意外事件，才會犯錯。只希望她過年不會因此而破相就好。

　　倒數第二天的日子終於到了，同學們歸心似箭。這是無法避免的，她們多數是人家的媳婦，過年前沒有回家清掃幾乎是

不可原諒的過錯。唉！這種重男輕女的現象要到何時才能夠結束呢？我就讓他們進行剩餘的課程（因為我將會在最後一天進行慶祝會，慶祝學期的結束）。只見同學們一下跑去做再生紙（該不該加澱粉、樹葉，紙張的厚度都是研究的主題）、一下聚集在一起作手染布，珍妮還不時跑來問我，可不可以用酒精、醋或其他物質定色？我才發現她希望我直接告訴她標準答案，我卻認為我應該和她一起學習，所以鼓勵任何嘗試。或許這是我的教學和他們多數同學的教學模式的差距吧。

泡泡營也是同學的另外一項最愛。很高興見到昨天傷到手的寶嵐用一隻手開心地吹出各式各樣的泡泡。當然在急就章的情況下，我知道他們不可能一下吹出超級大泡泡的，所以下課前還和她們分享吹出好的泡泡的科學精神和應該有的態度，剩下的就是等待他們的作業回饋了！

學生對於巫婆雷克真是一見鍾情，很快就有學生認為巫婆雷克就是太白粉加一點點水做的，但是他們的論點也一下就被其他同學否定掉。否定是因為巫婆雷克的性質和他們常見的太白粉性質不是很接近。甚至還見到清平質問我如果巫婆雷克是太白粉做成的，我是不是在裡頭加了什麼？其實她已經用太白粉做出幾乎一模一樣的巫婆雷克了，但是大約還怕我偷藏技巧。當我告訴他們其實巫婆雷克就是太白粉加上水而已的感覺，好像我欺騙他們似的。

最後一天，當我見到同學們無心上課，或是進行任何形式的慶祝時，真是欲哭無淚。或許我應該在期中考時間讓他們慶祝會比較理想。但是在這一天，我倒是發現一位種子教師在百

忙中還帶了猜謎的遊戲來和同學分享。這樣的發現是否說明研習時數的規定其實是將老師都視為不情願進修才有的規定呢？定出最低研習時數對於在職教師又有什麼樣的實質意義呢？許多老師早就知道某些研習會的研習時數不會很嚴謹地控管，最後是否會造成「上有政策，下有對策」的反淘汰現象呢？

　　當我觀察這班學生在最後一天不得不玩一些遊戲，卻又沉迷在遊戲中的感覺時，我發現我又會有很深的感受：「過年清掃是不是女人的天職呢？」如果是天命，我讓她們在學校玩耍到底是幫助她們，還是破壞她們的婚姻呢？

　　不知道的事情太多了。我知道我從這樣緊密的教學活動中感受最深的就是身體疲憊吧。十幾天下來，我的雙腳幾乎像是掛上去似的，不屬於我自己。但是當我發現同學經過這樣系統化的學習之後，確實能夠具備基本設計課程的能力，他們回到學校後嘗試教學帶給小朋友的快樂，更是我繼續嘗試這種班級的原動力。種子教師的反映也讓我知道過度運用紅蘿蔔只會讓老師沉迷於爭功的結果。或許只是我的個人疲憊，也或許是教育嘗試的一小部分，但是卻給我帶來許多反思的機會。

　　我敢說經過這樣短短十幾天的教學活動已經讓這些國小教師具備設計、執行與評量統整課程的能力了。或許教育主管單位應該鼓勵所有國小教師到附近的教育學程學習各種新穎的教學法，並將教學自主權下放到每個班級，這樣才能夠達到「每一位教師都是研究者；每一間教室都是課程實驗室；每一所學校都是課程改革中心」的最高理想吧。

同學回到學校之後的實習試教結果分析

這裡要分析的是同學們依據我上課內容，回到學校之後實際嘗試的結果。我將這樣的嘗試比喻為學徒學習師傅的技巧加以演練的結果。這是所有師徒制度中所必須具備的重要項目，也是師傅鑑定學徒是否能夠出師的依據；但是教師這一行業似乎不認為教書是一種師徒制度，而是修完所有學分就可以完成培訓的。或許英國在教育學分上的師徒制度可以給我們一些啟示。

學生的作業在學期中是百般的不情願，經常和我討價還價，就是希望能夠少繳交一些作業；但是交出作業之後又急著向我索回作業。後來有同學向我反映是因為他們在教學時有同事協助，才能夠完成作業的。現在有許多同事要做教學觀摩或是科學展覽，需要他們的協助，所以就回過頭來要這些「武功秘笈」，以便按照秘笈中的招式套招一番。底下的分析強調國小學生的作品傾向，和我的學生的自我反思部分。

秀樺和蕙茹在上課期間一直向我反映她們對於化學的恐懼和無奈，清平和英杰則是我認為最會在國民小學教化學單元的兩位同學。所以我先分析他們的作業。

分析之前必須先申明，由於進修部要求在開學前一定要交出學期成績，所以我要求這群學生在二月二十七日第二學期的開學日交齊作業。這樣的要求對於在職進修的老師而言其實相

當刻薄，因為他們服務的學校是在二月二十三日開學，扣掉開學要讓小朋友收心、準備開學，也可能面對新的班級（因為這班同學是代課老師，經常擔任一些奇怪的課程），再加上開學時的忙碌，和寫作業的時間，真是為難他們了。我也希望這個發現能夠讓教育主管單位重新定位代課教師的在職進修課程。

　　蕙茹挑了悶熄蠟燭和自製酸鹼指示劑兩個單元，參與的小朋友則分別是班上少數同學和親朋好友的小孩。自製酸鹼指示劑的報告上，她採用傳統教案的方式呈現，讓學生先用石蕊試紙檢定酸鹼水溶液，然後才進行植物替代石蕊試紙的功能。我想她是要先從學生的舊經驗出發，再延伸到植物的操作上。做完這些實驗，也繼續讓學生檢驗日常生活中的常見飲料，這是和課本精神相配合的教學法，也比較不會受到家長的質疑。報告上也呈現她找到的資料：植物可以取代石蕊試紙是因為含有花青素的關係。聯絡教學到美勞科的創意畫、製作植物書籤（真的很美），都說明她的教學已經逐漸跳脫傳統單科的教學模式。

　　心得方面讓我感受很深的，應該是：

　　　　為了這次教學活動，我花了很多時間準備資料和自我訓練，但是，在實際進行教學活動的過程中，我仍然感到困惑與無助。我常懷疑、困惑身為教師的我什麼時候該介入學生的討論與引導實驗的進行，或給予學生適切的意見？什麼時候則必須提供正確的知識，使實驗能朝明確、更有利的方向進行？……當時

傻傻的我還以為老師這樣的指導方式，做學生的不是
永遠學不到知識、不知道結論嗎？直到現在，我真實
地進行完一場自然科的教學活動，我才真正明瞭老師
的用心良苦。課堂上，除了給我們做研究的方向與方
式外，亦告訴我們教學內容要「寓教於樂」，題材要
有創意，也示範了如何指導學生進行學習的技巧，讓
學生在遊戲的過程中，除了盡興，還能有知識的獲
得，這樣不僅能持續學生學習的高度興趣，也能保有
他求知、好奇的學習原動力。

在作業的附錄中，蕙茹也將小朋友所製作的酸鹼試紙和葉
脈書籤一起呈現。看了她附錄中的葉脈書籤，我真想要將這些
書籤偷走。但是這會違背老師的道德，所以就算了。看完這份
作業，我開始思考在往後的教學專業成長上，我能夠如何協助
蕙茹成為一個專業自主的國小老師呢？

蕙茹的困擾和無助是我能夠理解的。我自己原本也是一位
相當傳統的學生（才能夠在國內激烈的升學壓力下，進入當年
第二志願的台大化工系就讀）。但是當我思考有這麼多好朋友
因為他們的學習模式和老師的教學方式不合，就被標籤為不肯
上進的學生時（另外一些傳統教育下的優秀學生卻又沒有突破
現況的決心，只希望老師繼續傳統的教學模式，好讓他們能夠
在眾多的同學當中凸顯出來；這種心態是誰教的呢？），我曾
經很努力地去找尋活潑生動的教案。但是這樣的教案並沒有告
訴我實際教學時可能發生的突發狀況，所以當我面對這些突發

狀況時還真無助。這幾年下來，我跳脫了傳統的直接講述模式，也深深被這種學習循環模式所吸引，我已經確定我無法回到直接教學的模式了。看到蕙茹的無助，不就像是我當年的無助嗎？她還是一位國小代課老師，需要的協助應該更多，但是誰能夠給她適時的協助呢？

蕙茹的另一個問題則是在學習的當時，她一直懷疑這樣的教學模式是否真正能夠在國小實施。姑且不論她的懷疑是否真確，但是如果能夠在學習的同時，她也回到學校嘗試幾個教案，並從嘗試中發覺這些教案的優缺點和改進的可能，就可以消除她的疑慮，更可以給她立即回饋的感受。如果實施之後確實無效，不是反映師院的課程已經脫離現場教學情境了嗎？如果可行，她們學習的態度會更加積極。這份報告另外一個吸引我的地方，就是老師引導學生的探討。蕙茹為了何時該給學生引導、該給什麼樣的引導、該不該直接給標準答案而困擾。這與我長久以來認為國中小教學當中最重要的應該是引導的技巧有異曲同工的功效。這也是我對於「學生進入國小時充滿著驚嘆號和問號，卻以句號離開國小」的感受。

另一個教案和科學典範轉移相關。在教學日誌上已經介紹過科學典範轉移時可能遇到的困擾，在此不再贅述。令我相當意外的，倒是蕙茹會選擇這個操作上比較高難度的教案，而且當我仔細品味她的報告之後更發現，她對於悶熄蠟燭的科學典範還是班上正確的少數幾位同學。她也在指導小朋友的時候，提醒小朋友科學實驗精神不是依靠一次實驗結果就可以論斷，必須重複多做幾次相同變因的實驗才能算數，這也讓我相當意

外。或許我在上課觀察到她漫不經心地操作，實際上就反映她上課時一直懷疑我這種教學法在國小實際實施的可能性，才讓她看起來不是很專注地在聽課吧！

報告也提到一位小學生問她：「水面上升高度萬一高過蠟燭的高度時，結果會如何？」經學生自行實驗觀察，結果是燭火會熄滅，可是隔日有學生自圖書館找到一份資料，結論與學生觀察到的結果不符合。這種蒐集來的資料和觀察結果不相同的困擾，確實也讓她懷疑實驗的正確性。我看完她附在教案後面的學生資料，才發現原來資料和觀察到的是兩個現象：水面蓋過燭火，和燭火沒有真實蓋過水面、只是沿著蠟燭外緣但沒碰觸到燭火。後者經常可以用來玩魔術讓觀眾以為燭火確實熄滅了（一些餐廳會用這種蠟燭讓客人享受燭光晚宴），卻還有火焰冒出。看來我還要和她溝通這個觀念。

她的悶熄蠟燭教案也有附加學習：滴蠟做梅花和蠟燭翹翹板。她建議的梅花製作是將科學實驗延伸到美勞教學方面，看到她所附的附件還真是有創意。

結合蕙茹的報告和她在心智圖的改變、我的教學日誌記載可以發現，教學日誌的記載確實反映我個人上課時觀察到的個人主觀意見，有了她的另兩項記載也讓我開始思考，未來國小師資的在職進修模式可以有更理想的方式。如果能夠讓每一位國中小教師每個星期有一個上午或下午的空堂時間，他們可以直接到附近的大學或是透過網路學習更切身的教學技巧問題，就可以讓老師的在職進修有實質的意義。多數朋友認為教師進修一定要有研習時數或是大學學分才有實質意義，這也由本次

研究結果加以推翻：老師們進修時要的並不是學分數或是研習時數之類的紅蘿蔔，而是可以確實協助他們專業成長的訓練。可惜多數研習活動並不能給老師們這樣的服務，所以才會退而求其次地要求研習時數。不妨想一想，當我們在推動終身學習的觀念時，一個老師需要多少大學的學分呢？至於研習時數的規定，只是強迫老師去找尋可以發呆的研習罷了！

　　秀樺是另外一位我相當關心的學生，她是開學時全班唯一向我承認害怕化學的同學，我也經常問她對於化學的感受。她寫的教案是泡泡瓶和鼻涕蟲，兩個相當叫座的教案。她的教學心得如下：

　　　　馬上就有個小朋友從班級圖書館拿出一本《吹泡泡遊戲》的書來。速度之快讓我覺得十分驚奇……

　　　　在此活動中，發現他們學習意願遠超過以往。參與活動的意願更高，玩得更開心。推敲其原因，可能是經由教授的指導使我的教學技巧進步了，我學會了另類的教學模式，不給太多設限，讓學生從實際活動中不斷地試驗、嘗試……

　　　　班上的小朋友對於自己能夠動手做出鼻涕蟲深感疑惑……活動開始了，小朋友充滿期待的眼神注視著我。……下課了，他們還意猶未盡地說：「老師我們再玩好不好？」「老師我們明天還要再做」的聲音此起彼落。

　　　　藉由此次的實驗，讓自己更了解小朋友的心情，

小朋友玩得如此快樂，使自己在教學上信心大增！

　　看完秀樺的作業，讓我放下了心中的大石頭。在鼻涕蟲的教學時，她還讓學生做出一個個鼻涕彈性球，互相比賽看誰的球滾得最遠，也讓學生利用鼻涕蟲成品作畫，達到了聯絡教學的目標。相信我的學生，並且給他們最好的教學，我有把握他們會給他們的學生最好的教學。

　　當然，小朋友學習時的快樂是會傳染的，老師雖然在教學準備上會比直接教學辛苦，但是當學生的學習興趣被激發起來的時候，就是老師最好的回饋。這也是我經常談到的論點：「老師是學生短期的評量者，學生才是老師終身的評量者」。

　　學生會懷疑他們也可以自己做出鼻涕蟲，是非常正常的現象。對於多數的學生而言，玩具就是只能夠在玩具店買得到。DIY 的觀念在國內還是屬於異類，多數家長強調速食主義，只要用錢買得到的就不必花太多心思在上面。這樣的現象也在自製酸鹼指示劑和氧氣製作的教學時，可以見到我的學生持懷疑的態度。但是通常當小朋友確定他們可以自己做出可愛的玩具時（或是隱形墨水），後面跟過來的學習原動力就不是老師可以阻止的了。這也是秀樺心得提到有位小朋友迅速地從圖書架上找到相關資料，和許多小朋友一直纏著她要再玩幾次的原因。一般老師認為低成就的學生在這類的學習下也有超級表現，不知道和多元智慧的觀點是否能夠有些關聯。

　　不少教育學者或許會問，這樣的學習只是讓學習低成就的小朋友有機會翻身，其實是一種「劫富濟貧」的做法。由秀樺

的作業上雖然見不到這樣的反彈，但卻是不可避免的思考。我自己其實一直會考慮每一位同學的學習權利，不能爲了協助弱勢學生而犧牲優勢學生的學習。但是優勢學生的優勢到底是什麼呢？是他們適合傳統紙筆測驗，但卻沒有分辨麵粉和太白粉的能力？誠如治瑛所說的知識的巨人，生活的侏儒，若實驗不再局限於藥品，教學不再自限於灌輸，吃的、喝的、看的、摸的、嗅的都是教材，每個孩子都是未經琢磨的，也都是不同的，在這世界總有一個地方是他們立身所在（治瑛）。

　　優勢的學生並不代表他們的學習方式在出了社會以後，還對他們有實質的協助。他們只會背誦課本內容，卻無創新之意，我們如何期望他們能夠在未來競爭激烈的社會上有創意呢？相對的，如果他們短期內因爲學習模式的改變而有短暫的學習困難，或許更能夠激發他們深藏著的創意，他們的學習也將有更多的創意火花。

　　清平選了鼻涕蟲和隱形墨水兩個教案嘗試。她是坐在右邊最後面的一位同學，記得剛開學時，她和上一班一位優秀的學生談過我的教學要求，但是後來卻一直否認她認識那位同學。她在上課期間曾經向我索取食鹽進行指紋顯現的探討，所以我猜測她應該是一位比較會思考的同學（不一定要求正確的答案）。她的作業也反映這樣的觀點。教鼻涕蟲的時候，她先用國語科的「彩虹仙子」切入教學，引起學生的學習動機。當學生做出各種性質的鼻涕蟲之後，一方面讓學生將豆子鑲入美勞的作業中，做成形狀亮麗的魚板，簡直就像是教堂常見的彩色玻璃。一個簡單的鼻涕蟲可以連結數學的比長度，自然科的教

學，和美勞、國語的教學，這些聯絡教學說明她的創意，也支持我對於她的學習觀察。

她的作業心得也說明學生投入的狀況如下：

> 在實驗過程中，孩子專注的神情是以前所未擁有的，當「仙子鼻涕」製作完成，每個小臉蛋都有著驚訝及歡喜的愉悅，甚至連下課休息時間都把玩不停，隔壁二、三年級的老師也被學生拉到一甲教室吵著要做「仙子鼻涕」。……經由這活動，讓自己可以設計課程結合其他科目聯絡教學，這對自己教學能力無異又是一次增進。

> 連續幾天實驗，小朋友非常投入，也很快樂。像「神秘之水」他們說好像是變魔術。在變魔術的同時，自己也很有成就感，校內同事也對這樣的上課內容很有興趣。其實我們環境周遭有很多事物，只要加些創意，運用巧思，就可以成為上課題材。這種自編教材的能力似乎在不久的將來是每位老師必備的基本教學能力。

顯然我們可以初步推論，清平從學生快樂的反應和同事的鼓勵，已經慢慢具備課程統整的能力，也對自己的教學比較有自信。她甚至已經體會每一位老師都要具備設計課程的能力才能繼續教學工作。我在此祝福她的教學能夠越來越有特色。

英杰的作業是那種惜字如金的一位，量少、但是該呈現的

都有了。是一種標準的麻雀雖小、五臟俱全的做法。我發現多數男同學有這種情形，好像多寫一些就有點侮辱他們的人格似的（我自己也曾經是這類型的男人）。他挑了泡泡營和悶熄蠟燭兩個教案，教四十個六年級的學生。報告採用教學流程的方式呈現，活動過程則是將照片依據時間先後排列，讓人對他的整體教學過程和學生的學習狀況一目了然。吹泡泡時他也發現低成就的小朋友此時一展身手（泡泡進行到九十分鐘時）。這和其他同學的發現是相同的。

英杰也將他和學生討論的重點標示出來，例如：

生：本來覺得玩泡泡很無聊，我們都六年級了，還玩泡泡，沒想到真的很好玩。

生：我可以讓泡泡在我手上跳舞，好好玩！

師：剛才有同學說這比較簡單，其實這就是上課，你們學會許多能力，會和同學合作，懂得做完清潔教室，這就是上課。

他在心得上寫著一些意外收穫如下：

這次發現我們班上約有十位學習低成就的小朋友，從二年級開始成績就不理想，對上課沒興趣，喜歡打球。可是這次反應很好，而且很快就操作得很好，也很專心，（但是）他們把這個活動當遊戲。

課程如果設計得很有趣，應該可以減少非常多的

學習障礙的兒童，也可以減少輔導室所辦的資源班。

　　我想如果全國的每位老師都能夠對教學有這樣的考慮，我們就不會有一大堆小朋友被標籤為學習障礙的兒童，更不會有學生將學習上的困擾轉移到其他方面，造成許多社會問題。

　　當我見到英杰在泡泡營的教案後面附上一個類似方案教學的圖形，就是以泡泡世界為中心，延伸到查資料（圖書館教育）、薄膜的光線反射（物理）、群育（團體分組）、意見發表（語言科或是演說表達能力），和利用吸管來製作泡泡（美勞科）。雖然這樣的課程統整還相當粗糙，像是大拼盤一樣，但是繼續鼓勵和培訓應該可以修正他的方案教學模式。

　　在悶熄蠟燭的教學上，學生有一些迷思概念，也就是我們強調的科學典範轉移。但是學生會認為如果在整個裝滿氧氣的瓶子裡燃燒，就會爆炸，這樣的觀點由於在英杰他們上課時我並沒有直接示範，所以英杰也沒發現這樣的迷思概念，是我該導引他的地方。但是他自己也檢討了悶熄蠟燭的缺點，例如時間可以安排長一點，不該直接告訴學生標準答案，或許該給學生不同大小的燒杯等等。當一個老師已經具備反思的能力時，我想他的教學專業也會跟著進步。

　　治瑛和舒端則是我認為的後起之秀，課程上到一半的時候，我發現她們兩個有一種慢熱（機器熱機比較慢）的感覺。經常見到她們成為組裡的意見領袖，所以底下分享她們的教案心得：治瑛挑了花草實驗和隱形墨水當作她學習評量的工具。在花草教學上，她採用的教學策略和我的上課模式不盡相同，

是讓學生先體會花草的可愛，再加以搗碎萃取汁液。當我閱讀她的教學反省的時候，就可以見到她對於大自然的關懷：

> 大自然是需要疼惜的，疼惜的感情來自於真實的感動。採花大道上，帶路的是翩舞的蝶、有香味的風、和煦的太陽、每張小臉都是興奮、每隻小手都帶著疼惜。……一朵朵花下就有一個世界，看螞蟻的專注是觀察疼惜大地的開始！……認識花汁調色盤的同時，偷吸花蜜的孩子有了蝶蜂的夢想。為了更多色彩而加入醋、鹼，也開始了酸鹼指示劑生活化的窗口，──低年紀的孩子並無酸鹼概念，只有色彩揮灑的歡樂童年。

另外在隱形墨水的教案上，她描述一位小學生回家後繼續嘗試的回饋如下：

> 致瑋回家用鹽水以棉花棒沾畫了「新年快樂」卡，考倒了媽媽，在優碘昇華中見到兒子的傑作，只有開心可以形容媽媽的心情了。

她對於學習也開始有另一層面的反思：

> 知識應用才能產生力量，師生互動的重點是孩子的參與，把他們教得精於計算、精於測驗、精於語

文，這是不夠的，教育的意義遠勝於此。……教得少，反而學得多——向光、向上、背地、適應，取法於自然，有笑容的師生在教室的春天中展現學習的生機。

　　開心的互動，操作經驗的分享，自然是最好的教室，擁有豐富的教材，生活便是活點子，化學讓學習有點魔術的味道。

　　治瑛的先生是一位原住民（如果我沒有錯誤的認識），是否因此將許多原住民對於大自然的觀點也帶入日常教學呢？我無法得知，或許她本人也不見得能夠判斷。但是看到她能夠體會每位學生都是特殊教育的對象，更能透過向大自然學習教育學生，我想她應該也可以是一位不錯的老師的。

　　舒端是坐在前座的學生，她所採用的教案是拈花惹草和熱脹冷縮，而且都是以大單元方式呈現給小朋友（有圖片為證）。拈花惹草的教學聯合了八個單元的教學，其中還結合了泡泡水和紙灰之間的反應（可以有隱形墨水的功能），去除鄉下小朋友相信乩童的心理。

　　在拈花惹草的教案方面，舒端還很在乎學生是否學到化學知識。這很可能和她還在轉移她的教學典範有關，例如她的心得寫著：

　　　　寒假上課時對於老師的教法心存很大的「？」，
　　因為很少寫混合科的活動單（覺得吃力），更怕做起

　　活動來狀況百出，經過幾天終於寫出教案。在實驗後
我改變了看法並證實了老師的教法是可行的（不過很
吵）！從開始同學的尖叫聲進而操作進而歡笑聲，我
看見他們玩得好樂（Me too）！

　　顯然舒端在教學方面已經超越化學單一科目的教學，進而
跳到童玩和一些科學現象的觀察和操作。當一個國小老師從懷
疑一種教學法到願意嘗試，到完全接受，甚至成為別的老師的
楷模，是需要時間和外界支持的。我也在想到底要如何協助她
的專業成長？

　　寶嵐是那位操作悶熄蠟燭時不小心割傷手的同學，我也很
在乎她的心得感想。她選了巫婆雷克和鼻涕蟲兩個教案，非常
可惜的是，她在帶領巫婆雷克的時候，原本可以讓學生體會太
白粉加上冷、熱水後的反應，並且加以比較，但是她卻認為太
白粉加入溫熱水後效果不彰，形成勾芡之糊稠狀。可見要做此
實驗不可使用熱水。

　　這樣子只差臨門一腳就可以有創新的教案，卻因為心中原
有的構想和創新教案不相似而無法突破瓶頸，是非常可惜的事
情，也是我在研發教案曾經體會過的現象。寶嵐的心得上寫
著，她還和學生發現部分「泥淖」在地板上，看起來似乎乾
了，結成一個個扁平的圓點。但是當我們將那些泥淖剝下拿在
手中時，卻發現它們又成為液態狀黏稠之泥淖。這是個很奇特
的現象，值得作為繼續追尋原因，探索研究答案的新課程。

　　在她的教學過程中，她也發現學生會玩得如此高興，又這

麼有創意，一時之間又把我低落的心情給帶到最高點！不但出現了社會性的角色扮演，更自己用發現的方式做認知的學習：調色，最後還向我要了幾張白紙玩起手指畫呢！……

　　原本設計的學習單，因他們年齡稍小，對文字敘述不清楚，做起來不理想……不過在我想這份作業時，腦中又浮現另一個法寶：錄音機。看到寶嵐在嘗試過程發現問題，並且在寫作業時想到新的法寶，也是我當初執意要他們寫教案的原因。透過反思的時間，曾經讓我聯想到許多法寶。我也希望學生體會這種感受，雖然反思的紀錄確實讓人身心疲憊，但是新點子浮現的時候所帶來的振奮是無法形容的。在鼻涕蟲的教學上，寶嵐先用家中兩位小朋友為教學對象，是國小一年級以下的小朋友，結果不是很令她滿意，所以再用三年級的小朋友為對象嘗試。第二次的實驗讓她萬分喜悅，她的作業中也愉悅的描述著，**當實驗的作品完成後，小朋友們雀躍、興奮的表情，使我這個負責拍照的老師忍不住猛按快門，深怕遺漏他們的表情！不需要太多成本就可以讓孩子玩得如此開心，何樂而不為呢？**

　　當一位老師在教學時急著為學生學習的喜悅按下快門，是不是說明老師也感染了學生學習時的快樂呢？我記得 ASCD 的一本書提到，學習時如果能夠見到學生快樂、驚奇等表情，就代表教學的成功。我想寶嵐在教學的功力上應該已經相去不遠了！

　　明鈴是我在閱讀作業時發現的奇葩，她的教學結合了自然科學習、數學的教學（一種結合數學和國語科教學的模式）、用隱形墨水畫圖的美勞科教學，最後當學生有許多感觸的時

候，再以作文方式進行學習回饋。學生在作文上的寫作能力也因為強烈的感受而有內涵，這也和我所提的作文教學不該和國語科教學畫上等號相呼應。鼻涕蟲的實驗也有類似的現象產生。

在整個教學的感想上，明鈴提到：

現今的科學教育最大弊端在於課程艱深難懂、枯燥乏味、實驗器材不易取得、教學不重視啟發，這些都使得學生對於科學的學習感覺索然無味。所以如何將教材生活化，並且摒棄傳統填鴨式教學，活潑教學方法，以培養具獨立思考、有創意、有能力解決問題的下一代，是所有老師責無旁貸的任務。

哇！好棒的理想，就不知道我們是否能夠到達理想境界？她也描述學生在操作鼻涕蟲的過程如下：

在等待鼻涕蟲凝固成形過程中，學生一邊喊「噁心」，一邊非常專注地攪拌竹筷，看到凝固時的高聲歡呼，及看到其他同學所做的鼻涕蟲是他所喜歡的軟硬度時，往往可看到孩子露出好奇的表情，拉著另一個孩子，要他一定把所謂的比例告訴他，就又急急忙忙地再做一次實驗。所以「實驗是可以和生活相結合的，並且可以在家中作實驗」。

　　顯然，明鈴的寫作技巧也隨著學生的學習情緒高昂而有更理想的進步空間，而這也是她發現有感受才有文章靈感的表現吧！這幾天和澳洲來的朋友John Fien閒談時，他提到南非的教室經常只有老師一份示範的科學器材，也深深感受國小教育不受重視的全球觀。

　　蓉芝的作業有另一番風貌，也做如下的分析和分享：

　　　　常見六年級的小朋友為了要記住酸鹼反應如何變顏色、顏色又是如何如何而暈頭轉向，根本不懂所學為何物。小朋友忽略了密切相處的校園植物，當搗成泥狀取汁加酸鹼像魔術般神奇變化的那一刻，更是驚奇聲四起，讓小朋友了解周遭生活的相關性，揚棄傳統填鴨式教育，改用生動活潑、獨立思考、富創意解決問題的方式，讓小朋友從作中學，發現新境界而樂在其中，心中充滿「豁然開朗」的喜悅，啟發求知慾，也讓孩子步入科學的領域。

　　我見到我自己的小孩為了記得酸鹼變化時的痛苦，更記得我自己當年的痛苦，才會讓他們記得一個通則。希望他們能夠繼續撑下去！我也發現她採用了我的破冰之旅破除老師和學生之間的隔閡：

　　　　開學當日的「破冰之旅」擺脫傳統的模式，新鮮又有趣。返校後我也將這套教法加以修改，適時融入

教學中。我發現老師和學生的心情都大不相同了，畢竟真的沒有標準答案，不是唯一，讓小朋友有個無憂的童年。

倒是有一位同學（茹玫）的作業中出現了迷思概念，我覺得需要加以分析探討。為了測試不同酸鹼值，茹玫用了氫氧化鈉加上十倍、二十倍的水。小蘇打的水溶液也是以一百毫升、三百毫升、五百毫升和七百毫升為稀釋比例。這是許多學生經常有的迷思概念，他們不太了解指數關係，而認為兩倍或是三倍的水量已經很高了，卻不知道這樣的稀釋比經過對數值後幾乎沒有差異。這也可以見到她當年在唸化學的時候，並不了解指數關係。最後她還將這樣的作業加以改編成為該校的科學展覽題目之一呢！

其他的學生也有類似的作業，我就不再一一說明。但是我覺得可以將所有同學所挑選的單元加以整理分析，了解他們對於上課內容的偏好程度。依據學生選擇單元總數分析他們認為適合在這麼短時間內在學校嘗試的教案，通常也反映實施這些教案的簡易程度。各個單元受到學生挑選的數量分布如下：

鼻涕蟲： 16 個　　　　泡泡管： 14 個

酸鹼指示劑：13 個　　　隱形墨水：9 個

悶熄蠟燭：6 個　　　　指紋顯現： 6 個

手染布：4 個　　　　　維他命 C：3 個

再生紙：2 個

其餘的暖暖包製作、巫婆雷克、海底花園、衛生棉檢驗、

和愛玉製作各獲得一位同學的選擇。

顯然，鼻涕蟲的材料容易取得，而且可以延伸的教案有很多方向，是同學們選擇它的原因。泡泡營也有類似的效果，而且許多同學選擇泡泡營是可以配合開學時的大清掃，讓小朋友能夠對老師立即產生好感。

酸鹼指示劑是第三優先，可能因為許多老師考慮學校校規是不准學生摘採校園植物的，所以他們通常要求學生從家裡帶植物來。只有極少數同學允許學生到校園摘採植物，或許是這樣的訴求還是讓他們有些為難吧！他們對於酸鹼的概念也還有些迷思概念，例如酸鹼值大小和如何配製酸鹼溶液都還需要加強。不過如果依據傳統方式教他們，很可能會收到反效果，至少我是他們曾經有過的老師當中最後的一位，其他老師用傳統方式也沒有教會他們泡製酸鹼溶液的方式，所以接下來的問題是，他們知道酸鹼指示劑的重要後，如何帶領他們進入化學的領域呢？

有一樣多的同學選擇指紋顯現和悶熄蠟燭是讓我相當意外的發現。前者在取材上相當容易，而且可以當作犒賞學生的獎品。相對的，悶熄蠟燭在操作上需要長時間和學生奮鬥，特別是上課時曾經發生寶嵐事件，他們還會選擇是讓我驚訝的地方。不過或許是因為他們發現這麼嚴重的錯誤竟然在課本內容呈現，會影響他們學生的學習，所以才努力進行悶熄蠟燭。但是因為還沒習慣學習循環的方式，所以常常變為老師告訴學生答案的教學模式。

維他命 C 受到學生喜歡的原因，可能是他們自己需要維他

命 C 讓身體健康。也希望能夠讓他們的學生了解維他命 C 的重要，以及相關的檢測方式。手染布則幾乎只有女同學喜歡，它的無污染應該是女同學選擇的主要原因吧。如果還要推論喜歡的原因，或許就是女性愛美的天性吧！

$\dfrac{5}{\blacktriangledown}$

我的個人成長對別的
老師有什麼功能呢？

行動研究是一個針對教學者自己持續成長的工具，因此除非教學者對研究的主題已經沒有興趣，否則行動研究沒有結束的時刻。這邊所提的結論也只是反映到目前為止我對於這樣的研究所做的初步構想，不必將它定位為學術性研究計畫的結論。但是這樣的初步結論在幾年之後，如果我還依據這方式繼續探討自己的教學，並且能有更多同好參與行動研究探討自我的教學專業成長時，就成為最好的後設學習，一種類似後設認知（meta-cognition）的反思和學習。所以我還是決定先做這樣的反思和初步結論。

首先，對於師院的進修部學生而言，學習化學的目的是要先剷除他們對於化學（或是物理、生物、地球科學等科目）的恐懼感，次要目標是教會他們靈活地在國小教這些相關的單元，最後的目標才是讓他們學習這些科目的專業知識。換句話說，按照馬斯洛的需求理論，老師要能夠勝任國小教學工作，才能夠自求多福地學習更多的相關知識。所以應該加強各科的教材教法，而非單純加強各科的專業知識相關課程。但是一般而言，各科的教材教法通常只是三個學分，一個學期上完即可。但是當我們考慮到國小學生的認知能力和身心發展程度，不禁懷疑三個學分的自然科教材教法如何能夠協助他們勝任國小自然科教學的工作。如果能將國小自然科教材教法至少區分為兩個階段（一～三、四～六年級），國小教師的專業就會更加凸顯出來。各科的教材教法也應該做類似的調整，才能提升國小教師的教學專業。但是當我了解一般師院教授對於教材教法的觀點後，師資培育者的自我成長可能是教育改革的第一

步：我們必須能夠考慮不同年級學生的需求，才能夠讓我們的學生畢業後受人尊重。

對於這一班的學生而言，透過這類的動手操作方式，和利用生活周遭的物質當作動手做的材料，確實已經改變這些同學對於化學的觀點和典範。但是由學生的反映可以見到這種類型的專業成長有些限制：一來它過於密集，會造成反效果，學員來不及吸收消化密集課程所帶來的訓練結果，特別是當我們認真考慮他們不是只修一門課而已，身體上的過度負擔會使得老師的在職進修成為傷害身體的兇手。第二點則是多數學員在上課期間懷疑學習循環的教學功能（參考舒端、蕙茹和清平的作業），使得他們在上課時間抱持消極的學習態度，當然就使得他們的學習效果打折扣。要收到好效果就必須先消除他們的懷疑，並且讓學員更加主動積極地學習。

初等教育轉學班的學生經過密集的訓練之後，絕對可以改變他們長久以來熟悉的教學模式。由心智圖的改變可以見到初步的改變，但是更重要的就是學生作業繳交回來後，透過他們的小學生積極主動地想要學習的熱情，打動他們深鎖的心，不少同學已經規畫整個學期執行這些教案的計畫書，代表他們願意嘗試到勇於更改他們長久以來的教學模式了。目前我正在嘗試另外一班假日到師院進修的在職教師，目的就是希望能夠比較這兩種類型的進修模式，到底哪一種對於在職教師有比較理想的投資報酬率。如果依據我個人這些年來的嘗試，學期當中定期到校進修的方式因為有時間消化所學，課程也不是很緊密，甚至有機會可以實際嘗試將這些課程帶到國小的可行性，

所以應該是假日到校進修的模式會比較理想。但是因為過去我並沒有將這些記錄下來，所以必須在今年再做一次比較嚴謹的行動研究，才能對這樣的結論有更扎實的證據。

但是這幾年來，從收集教案、消化教案到創新教案，確實讓我個人在國小教育專業上成長很多。初期只想約見幾位願意探討國小教學專業的同學，以訪談的方式進行研究，到以學生的作業當作唯一評量工具，轉變到以學生在學期前後的心智圖當作第二項研究工具；接著依據同學興趣和膽量，安排學生到願意配合的幾所國小嘗試教學，並用同儕評量當作研究工具，但是我自己卻感到心虛。最後，在上一個學期正好搭配初等教育轉學班的課程，要求學生回校嘗試教案，並實地觀察這班學生在教學前後的心態轉變，也成為我的研究工具。我發現透過多元評量，使我更了解學生的真實學習。甚至在參與多元智慧研究群時，知道田耐青教授由台大洪明洲教授學到透過網路的電子郵件和電子看板，來增進她和學生在課堂上的討論和學習，我也試著將這些新的資訊科技納入我的研究工具，確實發現能夠刺激學生更加主動學習。

當我將這樣的構想和幾個民間團體分享之後，他們建議我額外開設課程給他們的種子教師進修。初期，這群種子教師和我見面時，曾經反映要求研習時數，但是隨著他們主動學習意願越來越高，要求研習時數的聲音就消失了。顯然他們確實是想在教學的專業能力上成長，卻尋不到機會。這個現象其實是國小師資培訓的一個盲點，並不是單純發生在國內，連我們認為科學教育很強的美國也有類似的現象。所以當我和幾位美國

的科學教育學者分享這個觀點後，一九九九年暑期我被邀請到美國擔任兩個研習班的講座（後來因為報名人數不夠而取消）。我是否就停留在目前的探索自我成長呢？不！我目前已經知道一些先進的科技，特別是網際網路，可以協助我和參與的學員有更密切的討論學習機會，當然會透過這個最新的科技當作反省思考的工具。

網際網路的運用也是我這幾年所發現的理想研究工具之一。許多網站提供行動研究的線上討論，也經常有許多不錯的行動研究論文可以從網路上直接下載。這樣的科技如果不好好利用，還真對不起科技文明的快速發展。

另一方面，我的一位好朋友提到每天的反思機會，所以我會採取新的措施，在每一次上完課程，學生沒有馬上要上下一堂課的情境下，留下幾位學員討論和反思我在教學時的優缺點，以便讓我的教學能夠使得所有的學員更加有效率的學習。如果還有更多的學習工具，我會在實地了解之後，努力嘗試可行的方案。

這樣一個從不完美到尋求完美的過程，是我希望能夠和大家分享的。到目前為止，行動研究是協助我專業成長的主要工具，也希望更多老師能夠參與行動研究的工作。實際從事行動研究確實會讓我們的身體疲憊許多，但是見到學生的學習能夠更加有效果，就是老師最好的回饋了。老師只有跳離開傳統的要求，並且努力了解學生的需求，才是最好的教育。

建議

　　一、國小教師的在職進修重在專業成長,不是目前最常使用的週三進修,或是到研習單位短期(三到五天)進修可以達成的。特別是當我們考慮到終身教育的必要性和回流管道的暢通時,進修方式可以考慮去除研習時數的誘因,而是讓進修的老師在教學技巧上有實質上的成長機會。但是目前國小教師除非有進修或是外出開會,每天都必須留在學校,造成他們身在學校、心在外頭的情況。為了改善這種現象,並且為了老師的專業成長,建議各縣市教育局鼓勵老師在沒有上課的時間,可以彈性去參與當地開設教育學程的大學院校進修課程。每個星期有三至五節的進修課程讓老師在進修的同時,有機會可以立即將所學的最新教育理念和教學法運用到他們的日常教學上。若他們在嘗試這些新的教育理念和教學法有遇到任何問題時,就可以立即反映到教育學程單位。問題出在哪裡也就可以做立即的修正,這和許多服務業經常運用的問題探討是相同的構想。當然也在最近國內首見的高雄餐飲學校所開設的「三明治教學」理念是一致的。當服務業和餐飲學校在這樣的改變後得到理想的回饋時,或許也是教育界可以考慮類似措施的時刻了。讓國小老師豐富各科的知識或許是傳統進修的重點,但是在資訊時代來臨的時刻,這些資料都已經存放在網際網路上。老師們只要學會從網路上存取資料,就可以更有效率地學會這

些知識。教育主管單位只須透過網際網路設立立即問答中心，讓老師們當有不懂的學習知識有管道可以解答就好了。

二、類似的構想也可以運用到大學生的培育，先開設各科教材教法，並且透過模擬試教或是到一些願意嘗試的國小讓學生有實地驗證的機會，隨後的教育學理就能夠事半功倍地讓學生產生主動學習的意願。後面這一觀點雖然沒有在這一研究中發現它的優勢，卻在我的另一項研究中得到初步的支持。也只有當學生在實地教學產生困擾時，他們才會主動想要學習一些專業科目的知識（例如本研究當中的化學知識）。

三、當這些同學改變他們對於化學的觀點後，並且願意回校嘗試新的教學方法或是新的教育理念的落實時，接下來應該是協助這群國小現職教師突破他們原先的教學模式。教育實習應該強調的是，透過到校指導或是應用各種視導方式，讓這些老師能夠勝任新的教學模式。所以師範學院或是相關的國小教育學程（包含國中教育學程，因為未來的國中小教師培訓將會合流），可以考慮先解構課程架構，再以社會建構論調整相關課程的先後順序。其實對於初等教育轉學班的學生而言，這些課程的先後順序似乎也不是進修時的重點，但是對於他們的整體學習也沒有太多的影響。

四、國小教育的專業是一個值得探討的領域。過去的訓練在這個資訊時代似乎已經遇到瓶頸，全面立即更改訓練過程似乎不是好的構想，但可以鼓勵幾個學系的學生以實驗精神嘗試新的構想。對於師院大學部學生而言，大四集中實習似乎是目前唯一的方式。如果能夠先考慮在低年級教授各科教材教法，

並由任課老師實地示範各種新的教材教法，再安排學生實地實習，那麼大四時就可以不必集中實習，而改採定期實習，一種非常類似國中師資培訓的實習方式。這和目前實習方式最大的差異，應該是現行制度將所有的實習集中在四年級，學生已經學過所有相關科目才有能力進行實習。修改過的模式則認為邊做邊學應該是未來的主流，學生也才能夠積極主動地學習。這是採用師徒制度的方式訓練師資可能帶來的優缺點。這部分的資料會在未來有深入的相關報導。

　　五、最後一項建議是讓師院課程更加實用化。許多師院課程的開設並沒有考慮目前外界對於教育改革的訴求，而是因襲傳統上師院有的課程。傳統如果不面對教育改革的挑戰，卻單純認為傳統就好，很可能在典範轉移的情況下被革命。科學知識如此，教學典範也是如此。特別是在世界各國都在強調教育改革，我國也在從事九年一貫課程的修訂時刻，還加上未來的國中小教師培訓將走上合流培訓（也就是不分國中小教師資格），師院的整個課程架構需要更加強化國小教師專業的培訓，才能夠有足夠的競爭力。

附　錄

後現代的環境教育與九年一貫的義務教育

　　本文將探討環境教育在過去幾十年的演變，並且分析新時代中的環境教育與即將來臨的九年一貫課程之間的關聯。所以文章由九年一貫課程的教育改革對於學習的新觀念剖析，也由環境教育的新時代需求同步分析；最後再將兩者做自然的結合。所以這是一篇關於典範的探討文章：教學典範、研究典範、終身學習的新典範。

　　在過去幾年中，我深受幾項觀念所困擾。這些觀念包含我對於教學的觀點、對於研究工作的觀點，以及正向協助學生建立終身學習的觀念。對我而言，教學是一種以學生學習為主體的藝術，而且因為時代環境的變遷，需要隨時調整教師自我的觀點。但是到了教學現場，不管是在師範學院或是國民小學，都只見到傳統的教學模式居多。特別考慮師範學院到目前為止是國小師資的主要供應處，師院教授理當扛起示範教學的責任，才能在這教育改革的時代，擔任推動的主力。結果竟然是

老師到了國小現場，一邊罵師院沒教他們如何教小學生，一邊採用最保守的直接教學法在國小教學。

教學觀點的省思

　　如果我們認為師資培訓用師徒制度訓練是不錯的方式（類似英國教育體制），那麼當師傅的就要負起示範各種新式教學法的演練，好讓學徒能親眼見識，甚至親自體會這種制度的感受。這種制度到目前為止還在藝能科目方面存在，例如球類運動，師傅一定要比學徒的運動能力強好幾倍，音樂方面的訓練也是如此。國小教學也不是單純兒語化就可以解決的。對於這樣一個國小教學典範的爭執讓我苦惱了很久。或許最大的諷刺是要到國小教書要有執照（至少要修過師院的教育學分），但是師院的教授卻不見得要修過教育學分。顯然師範院校的專業需要重新考慮了。

　　直到最近閱讀一篇〈優秀教師的共同特色〉，才發現專業科目的專精只是好老師的三分之一，其他兩項則是與人溝通的技能和具備多元的教學法。這讓我高興了好一陣子：原來好老師不是靠運氣或是看天分而已，而是可以透過系列訓練達成。

研究觀點的省思

　　研究是每位教授應該努力的方向，近年來也因為師院的升格，而有越來越多的教授從事專題研究工作。統計上的研究到目前為止幾乎主宰絕大多數師院教授所從事的研究計畫；有位教授甚至認為不會統計學就不可能是研究者。

　　因緣際會下，我參與一些環境教育的研討會，包含人數極少的歐澳兩洲環境教育研究邀請會議。最大的衝擊是他們指出，環境教育的研究已經過了「研究典範戰爭的時代」。深入追究才發現國外這些學者早期也在為著研究的正統而爭吵，但是近年來已經突破這樣的迷思。統計的研究報告確實能在量方面佔優勢，卻無法提供深入的省思。

　　我們現在認為客觀的統計研究其實是由生物學的統計方法延伸出來的，它強調實驗者的絕對客觀。所以有科學家在作豌豆實驗時，對著兩組豌豆實驗：一組施予實驗藥品，另一組當對照組，這樣才能保持研究者的絕對客觀性。這樣的實驗方法也被廣泛應用到科學教育方面，甚至一個新的教育理念也必須保持研究者的絕對客觀。但是「有誰願意被其他人實驗呢？」或是「誰的孩子可以被實驗呢？」每個學童都是活生生的個體，誰可以因為自己的研究而以別人的孩子作實驗品呢？人絕對不是可以實驗的物品，世界各國的研究者正在朝這一方面行進。換句話說，教育研究的典範正經歷一場重要的典範轉移：

絕對的客觀只是說明研究者不了解自我而已。

正向協助學生建立終身學習的觀念

　　這一點對我而言或許意義更大。記得有一次閱讀保育界前輩李奧波（砂地郡曆誌作者）的著作，他指出：「如果一項科技無法協助人類與環境更加融洽相處，就不是好的科技」。如果將這樣的理念推廣到教育方面，我們似乎可以說：「如果一個老師無法協助每位學生發展他們的潛能，就不是好老師」。這樣的理念影響我的教學觀，特別是面對一群未來的國小老師，一群可能教到未來總統、行政院長的國小老師。對於他們的訓練更是每一位都不能放棄，但是我們卻經常看到師院畢業生到了國小第一現場後，不斷抱怨師院沒有教他們怎麼在國小教書。這一點提醒我深入探討國小教師的專業素養，以及這樣的專業素養成長到底有何共同跡象？

　　另一方面，近年來的資訊爆炸已經讓終身學習變成一種基本的素養。但是在教育界，不管是哪個階段的學校（包含大專院校、研究所），都還是以知識的傳授為主。這樣的教育會讓這個國家在下個世紀遭到淘汰的命運，這是因為知識的輪汰速度越來越快。剛學會的知識在四十年前可以使用一輩子，但是這幾年的資訊爆炸已經讓知識在兩、三年後會被新的知識所取代。所以「學習如何學習」才是目前教育界應該加強的素養。

　　結合這兩項訴求，國小老師應該加強自我「學習如何學習

的能力」，並且抱持著和他們的學生一起學習的心態。很可惜這些都和傳統師院的教學相衝突，所以當我和學生分享這些理念時，經常遭遇學生的冷嘲熱諷。幸好有些國小願意提供試教的機會，讓我可以安排學生到這些國小試教；這就建立起企業界所強調的「建立立即回饋的系統」。這和師院的傳統訓練有很大不同之處，過去的師資培訓要等到四年後才能讓學生了解他們是不是適合當國小老師，萬一不適合也來不及了。讓學生到觀念新穎的校長那邊試教，並且接受校長的教學指導，目前已經有相當成效，很值得各師院嘗試。

　　九十年即將全面實施九年一貫的課程，還有百分之二十的時間當作彈性課程時間。九年一貫課程強力要求老師要有設計、執行和評量課程的能力，但是就算是應屆畢業生即將面臨這樣的要求，許多師範學院仍然以「九年一貫課程尚未實施」為理由，讓應屆畢業生仍採用舊課程進行實習，對於新的課程需求仍一味逃避。這樣的訓練只會讓這群學生原本可以作為教育改革的主力，畢業後卻因為長期的壓抑而成為教育改革的阻力。師院這種保守的態度和企業界的方式簡直是南北兩極之差別，為何不能找尋願意嘗試新教材的學校進行試教，甚至鼓勵學生自創教材試教呢？

環境教育的演變

　　國內不少教育界同仁認為環境教育就是資源回收、垃圾分

類，或是水土保持教育等等，其實是配合政府機關的推廣教育而產生的誤解。更嚴重的誤解是認爲，環境教育總不能讓民眾再回到蠻荒時代吧！這是對環境教育的認識不清楚就開始推動所產生的誤解。環境教育在過去幾十年間經歷了好幾個不同的階段。對它的來龍去脈有基本的認識是有必要的，底下說明環境教育的演變。

最早的教育模式其實就是環境教育：所有的學習是向大自然學來的。甚至當人們在一百年前說到自然兩字時，其實是指說話者本身：人自己就是自然。慢慢的因爲產業革命給人們帶來巨大的力量，機械力量取代獸力，人們才將自己從自然之中抽取出來：人類是萬物之靈，人類可以主宰萬物；也就是「科技萬能」的觀念第一次出現在人類的歷史上。一些先知發現人類利用剛學會的科技大量地開採大自然，很可能會給人類帶來大災害，所以才有自然教育（nature studies）、保育教育（conservation education）、戶外教育（outdoor education）的出現。這些早期的環境教育模式都強調人類應該向大自然環境學習，也是國內野鳥協會、荒野保護學會等團體目前所強調的訴求。

這樣的訴求到了六十年代，因爲戰後工業的迅速發展，幾乎是以經濟發展爲唯一訴求，結果就是各類污染的擴散。美國生物學家卡森女士所寫的《寂靜的春天》，就是描述美國農業過度依賴類似DDT之類的殺蟲劑，而使得大地一片蕭寂：昆蟲都被殺蟲劑殺滅、魚類沒有昆蟲吃也面臨滅亡、森林裡的鳥類也面臨死亡等等。《寂靜的春天》的出版可以說是開啓美國污染教育的元年，隨後更發現一些城鎮因爲重金屬污染，使得民

眾必須被迫搬離家園（因此而有超級基金的設立），很類似桃園縣RCA的污染。日本也不例外，甚至到目前為止，只要是研究流行病學的科學家，都會到日本一些曾經受到污染的城鎮去了解、對比，這些城鎮的污染源和所造成的疾病有四日市的氣喘病（空氣污染）、水俁鎮的水俁症（水銀污染）、富山鎮的痛痛病（鎘污染）。近年來全球矚目的臭氧層破洞，也是因為氟氯碳化物（CFCs）雖然協助人類獲得更好的冷氣設備，卻也造成全球紫外線增強。

近年來，因為石油危機再度來臨，讓學界再一次正視這樣的問題，以及全世界礦產的有限度，慢慢的在聯合國教科文組織的引導下，發展出「永續發展的環境教育」，或直接稱為永續教育。這樣的教育強調人類的任何經濟行為必須考慮這一代的民眾和後代子孫的福祉。

後冷戰時期東西雙方的對立已經消失，更因為資訊爆炸的需求，地球村的形式已經形成。政治上的邊界正在消失，資訊的獲得也沒有先後秩序，學生可以比老師早一步獲得某些資料，這些情形正迫使世界各國紛紛改革教育。這一波教育改革的原動力最主要的是因為後現代時代的來臨，也就是資訊時代的來臨。電腦網路所提供的資訊遠比任何一位教師能夠傳授給學生的資訊都要充實，網路教學變成一種必然的趨勢。想當然的，老師可以抗拒這波教育改革，最後被教育改革所淹沒；老師也可以嘗試和網路所擁有的資訊比賽記誦的能力，最後證明人類記誦的能力比不過資訊爆炸的速度；老師更可以將網路當成教學的好夥伴，讓網路負責知識性的內容，老師專注在引導

學生思考的能力啓發。最後這一形式也是目前環境教育所強調的模式，或稱為後現代的環境教育。

其他尚有零星的 EIC 模式進行環境教育。這一類的環境教育強調教師採用學校附近的豐富教學資源進行教學活動，這樣的教學一方面讓學生的學習更加生活化，另一方面也可以藉由學生的學習改善生活周遭環境，是一種正向的學習模式。由於這樣的教學經常採用統整課程的模式呈現，更讓學生了解各科之間的關聯，這一點也符合環境教育的課程統整特性。這樣的模式在一些著名的開放學校都有它們的影子：日本的緒川小學、英國的夏山學校、美國的瑟谷學校。事實也證明這樣的教育除了增強學生的自信心之外，也訓練出能夠在學校以外認真工作的好公民。

提出新的教育願景

綜合上面的論點，我在最近幾年開始嘗試「體制內的教育改革」。這樣的改革主要是因為我本身所學的環境教育在目前的國小課程上見不到影子，許多學者強調「融入式」進行國小的環境教育，或者稱它為機會教育。但是我對於環境教育的了解是，它要有漸進的方式進行教學才能達成教學目標；若長久以融入方式進行環境教育的教學，特別是單以知識的傳授就希望能達成環境教育的教學目標是「緣木求魚」的做法。但是國內在推動環境教育卻是如此進行的，甚至只強調資源回收這樣

的例行工作，或是在過度開發的災難區（例如貴子坑）作水土保持教育；難怪學生一旦脫離國小階段，就很難有實際的環境教育素養。國內的國小在資源回收方面做得最好（指回收資源的總量），一進入國中卻一定要校長推動，否則一定是高中聯考比較重要；一旦進入高中或是大學就沒有學生肯去做資源回收了。這一現象指出單就在資源回收這項基本的例行工作上，環境教育沒有落實才會有這樣的「特異現象」發生。

　　其實環境教育有循序漸進的教學目標：覺醒、知識、技能、評估、參與。直接切入參與資源回收的工作是無法長期有效達成教學目標的。如果學生不是一步一步地進行學習，就像是在教學生數學的概念時跳過數數、加減法、乘除法運算等等；直接跳到四則運算，學生或許可以背下公式，卻不明白運算的原理，結果就不是學生自己的能力了。環境教育還有另外一個特色，那就是它有科技整合的功能。其實每一件社會議題也都含有科技整合的功能，環境議題只是其中一類罷了。考慮環境教育的科技整合特性，和它循序漸進的教學目標，加上目前所強調的九年一貫課程，教育改革已經可以見到願景了。其實這就是最原始的教育方式：向大自然學習。中華民族的歷史上思潮最風起雲湧的時代不就是春秋戰國時代嗎？那時絕對沒有教育主管單位，也沒有一定的教學進度和文憑，卻是百家爭鳴的時代。後來獨尊儒術卻造成科舉制度的食古不化，甚至到了二十世紀末期，國內還是有士大夫的觀念。

　　欣見九年一貫的課程將以課程大綱方式呈現，而不是像過去四十幾年的課程標準方式呈現。老師將來必須依據課程大綱

需求設計適合當地的課程，並且要有能力執行和評量自己設計的課程。顯然未來的老師需要有「永續發展課程的能力」，而不是單純執行教科書內容的教學而已。針對這樣的教育訴求，環境教育有它的地位：鼓勵每位老師運用學校附近環境周遭因子進行教學，並且透過實際教學改進學習環境的一種教學方式。在美國就有一個教育團體採用這種理念進行教育改革，結果是參與計畫的學校不只在各州的定期評量上領先，在真實評量上也見到學生的學習能力確實提升了。

要達成這樣的目標，老師在寒暑假期間就不能輕鬆地放假了。其實老師的寒暑假原本就不是他們的假期，而是他們充電和設計課程的最佳時刻。不少老師反映到：「沒有學生怎麼上課呢？」這對於教育是一種恥辱。如果老師上班只是為了學生在課堂上，那簡直就是保母的工作罷了。每個行業都需要在顧客尚未進門時準備好，唯獨教育這一行業不是如此。每個學校的教師在寒暑期就必須集合在一起深入探討下一年度的教學活動，透過討論、分享、課程設計等等活動，才能確實達成教育改革的目標。也希望環境教育在未來能夠扮演更重要的角色。

在師資培育單位方面，因應教育改革的需求必須作重大的改革。既然「學習如何學習」是未來的教育目標，師資培育的單位就必須讓有志於當老師的學生在進入師資培育單位的初期，就到學校擔任教學的工作。透過教育實習的演練，找出適合自己的教學風格。通常在這樣的安排下，學生在高年級學習其他教育理念時會有更深入的理解。但是擔任教育實習的教授必須實際示範新的教育風格，給學生實際體會這些教育理念的

落實，而不是再按照傳統方式進行教學。這就像是游泳教練一定要示範正確的游泳姿勢，才能要求游泳選手游出好成績。好的師資培育者也要有相同的理念和膽識。這一點則可以由臨床視導最新的理論加以發揚光大，其實這一理論和母語教學上的學習是一致的。

最後提出一些理念給有志於教育改革的老師參考：

一、教育主管單位只負責課程大綱的規畫即可，給老師完全的教學自主權。

二、師院（或是國小師資培育單位，未來更是國中小師資培育合流）的課程必須作大幅度的更改（教育部也不能過度干涉）。整個課程的結構必須符合建構主義的理念：師資培育課程的建構化。

三、國中小老師必須依據各校所處環境（未必單純指自然環境，應該包含自然環境、人文環境、社會環境等等，這也符合聯合國教科文組織所倡導的環境教育定義），和教育主管單位所頒布的課程大綱，主動規畫課程、設計課程、評量課程和執行課程等等。而且這些教學活動必須以學生有效學習為依據，而不是以老師如何教才方便為考慮重點。各校也必須將電腦放置在每個教室，讓老師能充分利用電腦網路的豐富資源進行多元化的活動。

四、學童就學的學區制度要放大，學童有選擇學校的自由（choices of school）。各學區設置區域發展委員會，當然就包含各學區的教育委員會。每個區域的發展委員會可以將區域內的學校發展特色出來，至少在發展初期可以將理念比較接近的

行政人員和老師重新組合到同一學校工作，就像高雄的華山實驗國小一般。台北縣市目前是有一些實驗小學，讓全縣或是全市的學童都可以就讀，但是一般學童只有一個學校可以選擇是不公平的。

課程永續發展：隱形墨水教案的演變

　　一般人所了解的隱形墨水是將檸檬汁塗在紙張上，等紙張上的檸檬汁陰乾之後，再以小火烤乾，就會在原先塗有檸檬汁處顯現出焦黑的字體。這種隱形墨水的教學在國小實施時，一方面有用火的安全問題必須考慮，更因為學生在上課之前已經看過這類的表演而失去教學意義。我這幾年的教學活動與學生共同研發出具有魔術般的隱形墨水教案，研發各類隱形墨水的經過正是建構教學的具體案例，希望能對國小教師在九年一貫課程所需求的百分之二十彈性課程設計上有幫助。必須申明的是，這類的教學模式對於我而言有專業成長的幫助，主要是因為我是以協助者角色進行教學，而不是專家式地介入教學。

　　「你還在看我嗎？你可以再靠近一點！」這樣一個廣告詞對於許多學童而言是相當熟悉的，如果能將它融入教學，或許可以收到意想不到的效果。我就是在這樣的心情下發展一個看似老舊的教案：隱形墨水。在過去的經驗當中，隱形墨水的書

寫不外乎是將檸檬汁寫在紙張上，等檸檬汁乾了以後，因為檸檬汁是無色的液體，所以寫的文字就會有隱形的功能。用火將紙張烤一烤就可以將原先隱形的檸檬汁顯現出來。這是運用糖的焦點（燒焦的溫度）比紙張的還要低的原理（即在相同的條件下，糖比紙張先燒焦）得到的教學效果。換句話說，除非糖已經燒焦，否則就不必擔心紙張會燒起來。這樣的原理也可以運用到「紙杯煮蛋」（在紙杯裡添加水，並在紙杯下用火加熱，直到杯內的水溫高到可以把生蛋煮熟為止；只要紙杯裡還有水就不必擔心紙杯會燒起來），原理完全沒問題。但是當我們將這樣簡單的教案拿到國小教學時，最擔心的就是實驗室安全問題。小朋友使用這種原理操作隱形墨水的經驗是多數的小朋友因為不熟悉用火的安全，而將紙張給燒掉了。如果考慮到國小教室內一堆小蘿蔔頭亂動，不小心因為火災而帶來的困擾，就可以理解多數國小教師寧可以示範方式進行這樣的教學。

另一方面，這樣一個資訊爆炸的時代使得多數的學生在學習這樣的單元之前，就已經在許多不同的場合知道這樣的操作結果。這些場合，包括家裡的《十萬個為什麼？》、各式的才藝班、有線電視節目等等，對於學童的學習或多或少有些功能。只是這些功能是正面或是負面就不得而知了。所以如果教師在教授這樣的單元時，還是以檸檬汁當作唯一的水溶液，就不太能夠吸引學童的注意力，或是開啟學童的創意。

研發過程

　　針對以上論點，我在師範學院教授隱形墨水時，就採用學習單方式刺激學生的思考。學習單上列舉一些和檸檬水不同的隱形墨水教案，例如利用優碘水溶液和維他命 C 的交互作用所產生的隱形效果，或是「立可白」效果（如果先用優碘塗在紙上，等紙張陰乾後，再在紙張塗上維他命 C 水溶液，就會有立可白的效果；相對於此，如果先在紙張上塗上無色的維他命 C，等紙張陰乾後，再將紙張放在優碘的水溶液中，就會有隱形墨水的效果）。這個實驗也可用硫代硫酸鈉（俗名海波）取代維他命 C 和優碘進行交互作用。上述的教學可以用激將的方式，刺激學生思考高中所學的化學反應中，有哪些是無色的反應物加在一起後會產生有顏色的沉澱，學生發現很多過去書上略提過的反應方程式竟然可以應用到日常生活上的「魔術表演」，當然就興致高昂。

　　高中所學過的化學反應，可能因為太過學術性而不適用於國小的教學，所以我在辦公室提供一些國小科學教育的教材供學生參考，例如翻譯自美國國小科學教育教材的「不可思議的科學實驗室」系列（台北：世茂出版社），翻譯自日本科學教育教案的「不要小看我」的系列、Facts on File 系列的教案等等。很可惜到目前為止，英文的 Facts on File 都還缺少師院學生的青睞，倒是有別校的教授要求學生將整本 Facts on File 影

印後再翻譯時,我認為國外的書不可以在沒有獲得授權的情形下翻譯、發行,因而作罷。而該書至今尚未有中文譯本,是有興趣於國中、小科學教育的出版社值得投資的好書。

在學習單和額外提供教材的雙重刺激下,學生的創意逐漸被發掘出來。以下列舉一些學生的創意,希望不要觸犯任何法規才好。一位老師在授課時,在紙張上以檸檬汁繪畫(延伸活動一),她的學生對於她的教學是一副不怎麼樣的的表情。接下來這位教師就將紙張拿到火上烤,台下的學生更是東張西望地各玩各的。沒想到一瞬間,老師竟然將紙張給燒掉了,這下學生可給樂壞了(不少學生總是希望老師也是人,也會「犯錯」,平常這樣的錯誤總被老師罵說是學生操作時不小心),就開始想看看老師如何自圓其說。沒想到這位老師像是在哀悼那張無辜的紙張一樣,拿著冷卻後的紙灰在手上又搓又揉的,還喃喃自語希望這一張紙死後不要來找她。學生正覺得這樣的老師有點奇怪時,老師將她的手心朝向學生這一邊攤開。不得了,老師的手上「竟然」有剛剛畫在紙張上的圖案。

你可以想像這位老師馬上成為學生崇拜的對象的情形嗎?你有過被學生以這樣崇拜的心情凝視、盼望過嗎?其實我們都可以了解這位老師有做過手腳,而且一定是在她的手心做手腳。但是……你知道是什麼樣的手腳嗎?又是運用什麼樣的原理呢?什麼樣的東西才會有比較好的效果呢?

另一位教師在黑板上張貼兩張「一模一樣」的紙張。然後請台下兩位小朋友到講台上拿著棉棒沾取少許咖啡色水溶液後塗在紙張上。奇怪的現象發生了!一個小朋友這邊怎麼塗都塗

不上去，只見到咖啡色水溶液一碰到紙張就立即消失掉；只見
這位小朋友一邊偷看隔壁那位同學的情形，還一邊不死心地努
力要將咖啡色的水溶液塗到紙張上。另一邊的小朋友原本不覺
得有什麼特殊的，因爲他這一邊隨便塗都可以，沒有半點新鮮
的感覺；但是就在隔壁那位同學不斷偷看他的時候，才發現兩
張紙就像被施了法術一般，就想盡辦法要在他這張紙找到會有
立可白效果的地方。不幸的，不管兩位小朋友如何努力，都無
法突破魔法師的魔法。最後兩位學生要求老師讓他們換位置再
畫。你可以想像兩位在台上的學生對於這樣課程的興趣嗎？講
台下的學生又如何呢？反而是那位老師像是沒事一般。當然，
聰明的你一定知道這位老師在兩張紙上動了手腳。但是她是如
何做到的呢？用了什麼物質才會有這樣的教學效果呢？事前的
準備是否很繁雜呢？

　　第三班的老師似乎更爲神奇。這位老師先在紙張塗上一些
小蘇打水，再將營養午餐的紅莧菜汁液噴到紙張上面。只見到
紅莧菜好像有神奇效果似的，原本塗有小蘇打水的地方所呈現
的顏色和其他地方所顯現的顏色都不相同。而且縱然是小蘇打
水的地方似乎也不是單純一種顏色，有黃色、綠色等等。學生
見到這樣的魔術表演當然就瘋了起來，也吵著要玩魔術。

　　第四班的老師準備了不同的方式來進行隱形墨水的教案，
他是採用物理學原理進行的。上課時他拿出一張有玻璃紙覆蓋
的紙張給學生觀賞，一邊講著老虎吃人的古老故事。圖上只見
到老虎的樣子，卻見不到那個倒楣的獵人。就在這時候，老師
翻開一張玻璃紙讓學生見到那個倒楣的獵人站在離老虎幾公尺

處，沒有及時將弓箭拉開的情形。說著說著，老師又翻開另一張玻璃紙，只見有武松在老虎的另一邊準備好好修理老虎的樣子。就這樣，這位老師將文學創作和科學教育完整地結合在一起。當然啦，他的學生也興奮地努力創作自己的隱形墨水和原以為是遙不可及的文學故事。

另外一班的老師將六個「看起來」乾乾淨淨的透明塑膠杯擺在桌上。然後學生看到這位老師在第一個杯子中加入自來水，奇怪的現象發生了，那杯水竟然變色了。更不可思議的是當這位老師將第一杯水倒到第二杯時，水又變色了！如此一杯又一杯的變色遊戲，馬上吸引學生的注意力（這一活動的原創者為台灣師大化學系的蕭次融教授）。

你是否也想像以上幾位教師一樣具有創意呢？這樣的創意來自哪裡呢？我在課堂上能激發學生的學習態度，主要依賴的並不是我天生的能力。相對的，這是因為我的能力不足才有這樣的效果。在這幾年的教學經驗當中，我採取引導的方式進行教學工作。除了一些必需的提示以外，就是讓學生在課堂上不斷地嘗試。其實這樣的教學模式也讓我和學生一起成長；一些已知的技巧丟給學生，刺激學生的學習方式，經常讓學生找出一些我原本不是很了解的教學內容。

這種教學相長的教學模式不僅讓我隨著教學年資的增加有更豐富的教學能力，更避免了教學一段時間之後的教學倦怠症。換句話說，承認自己不懂而能虛心向學生學習其實是一種好的教學方式。我甚至認為教學時教師和學生的角色不必一成不變，經常交換角色對於教學活動的順利進行是有相對優勢

的。下面的一些例子就可以看出這種模式的優點。

　　有一天，一位學生從一本書籍裡找到一個看似魔術的教案：先在手上塗寫肥皂水，等肥皂水陰乾後再搓揉紙灰就可以見到手上原先塗有肥皂水之處顯現黑色的字體。當那位學生問我這一現象的原理時，還真頓時不知所措。說真的，我可以推論這一現象的原理，但在沒有絕對把握的情形下，只好和她討論。結果兩人都承認不懂！然後在另一次教學時，我介紹這一種模式的隱形墨水操作，一位學生回到她的學校後就創造了第一個班級的教案。回到師院後她和我分享她受到學生崇拜的感受，以及學生主動希望她教授自然科的盼望。這位學生的這個教案就變成我往後的一個隱形墨水教案。

　　許多老師害怕他們對於這些教學有關的相關知識不是很熟悉，而且相當堅持小學生對於老師還是相當崇拜的，所以不能在小學生前面承認不懂。這其實是相當奇怪的論點，一般人應該更期盼大專院校的教師對於教授的科目是無所不能才對。這中間的差距應該是一般人對於教書這一工作的典範，也就是一般人如何對待教師的觀點、看法又是如何？一位師院學生說她花了一個小時還是無法改變幾位大專院校學生對於國小教師的觀點。這些大專院校的學生認為一個好的國小教師應該是非常莊嚴，隨時要求學生乖乖聽話的人。他們對於活潑教學模式的實施是相當不認同的。這一個現象的產生，主要是因為這些大專院校的學生是傳統教育制度下的勝利者，他們是那種乖乖聽課的學生，不太會質疑老師的課程。

　　可以這麼說，傳統的教育模式是將學生區分為適合讀書和

不適合讀書兩大類，然後用能力分班和聯考方式將學生區分開來。也就是說，在傳統的教育模式下，每位學生的學習權益沒有受到應該有的重視；只有適合傳統教育模式下的學生才受到重視。那種教育模式其實是非常偏頗的，是工業革命下的產物。然而學校的教育絕對不能因為少數學生適合某種模式的學習，而忽略其他學生的學習權益，應該強調教育要符合每一位學生的權益。

我偶爾會用李敖和李濤兩人比喻傳統教育和新式教學的差別。李敖是一位精通蔣總統家族事蹟的人，所以他主持節目時是將他所熟悉的事蹟用各種方式呈現給觀眾。相對的，李濤所主持的二一○○全民開講是近年來叩應節目的鼻祖；在節目中，他讓來賓各自陳述意見，而他只負責點出來賓之間不同意見的溝通。顯然前者（李敖先生）是比較像是傳統教師的角色，是一位賣聲者；後者（李濤先生）是比較像是新式教學的人，他將所有參考文獻請到現場，再讓參考文獻各自發表意見，學生（也就是觀眾）如聽不懂任何一個意見，就可以直接打電話詢問。所以雖然每一次的節目都沒有結論，但是節目收視率算是相當不錯的。

這一比喻（metaphor）也和建構主義（constructivism）的訴求相近。建構主義將傳統教學和建構教學用 teller 和 tiller 相對比。前者是說傳統的教師是要將知識「灌輸」給學生，然後在定期評量時以考試方式確定學生的吸收程度，就像是銀行的行員在櫃檯邊負責顧客的存款和取款。後者（tiller）則將老師比喻為一個農夫，負責將土壤翻鬆，至於學生想要播種哪些種

子、種子什麼時候想要發芽等等問題，並非老師所能控制的。或許老師能做的是確定種子有適當的水分可以發育，或是趕走要來吃掉種子的昆蟲、鳥類。一旦種子發芽了，老師的工作是要確定種子旁邊沒有太多妨礙生長的因素，例如太強的陽光或是光線不足，或是太多水分等等。

不管用哪一種比喻方式說明新時代教師的工作，它們都說明教師要更改對於教書的觀點。老師不是萬能，更不是知識的權威；老師更要了解知識絕對無法用灌輸的方式進入學生的腦袋中，學生需要時間建構他們的知識、技能。這樣的教學模式也能讓老師一邊教學、一邊成長。用一位國小校長的話：「外面的老師還在開牛車，但是既然給汽車走的道路已經開出來了，我們要教老師如何開車了！」

延伸活動

延伸活動一

檸檬汁的活動：單純的檸檬汁隱形墨水是一種為了教學而設計的教案，教案的執行雖然叫好，卻是執行別人早就懂的一個教案；沒有進一步探討的懸疑之處，相當可惜。如果能從方案教學的角度看它，就可以避免那份牽強的感覺。若以方案教學的模式進行，將可以讓學生對於學習有一整體的認識如下：

檸檬：(一)認識檸檬的科學性質，(二)認識檸檬的營養價值，(三)檸檬作畫。

認識檸檬的科學性質

檸檬可以用來當作隱形墨水，還有什麼用處？一串聯的檸檬如何用來發電？（但是一堆檸檬榨出一杯檸檬汁就沒有相同效果。）檸檬皮擠出來的汁如何處理會有火花的效果？檸檬皮的油和養樂多的瓶子如何反應？清洗檸檬時它是沉到水底還是浮在水上？剛長出來的小檸檬和好吃的檸檬、乾掉的檸檬在水中是否有相同的表現？檸檬放在冰箱中可以吸收臭味是什麼原理？工廠如何用機械方式分辨好的檸檬和壞的檸檬？好的檸檬和壞的檸檬有哪些異同？檸檬汁和碳酸飲料哪一個比較酸？這些科學探討還可以運用到檸檬以外的水果，讓學生的學習圍繞在日常生活的種種，對學生的學習有絕對的好處。

檸檬的營養價值

檸檬常常被當成是富含維他命C的水果之一，它又含有多少維他命C？它所含的維他命C含量是否因為成熟度而有不同？它所含的維他命 C 對於溫度的敏感度為何？除了維他命 C 以外，檸檬還有哪些營養價值？（例如它的皮是否也和陳皮有相同的功能。）

檸檬作畫

運用拓印方式可以用檸檬作畫。一般人是將檸檬切成一半，所以畫出來的都是相同的圖案。但是如果將檸檬以許多角度切開（經度和緯度的切法，如果將檸檬視為一個地球的話），所能得到的圖案就會多采多姿。若將檸檬沾取各種顏

料，再將檸檬在畫紙上滾動，又會是什麼情形？

延伸活動二

　　自製酸鹼指示劑：一般而言，酸鹼指示劑好像和實驗室有密切關聯；也就是說，如果要取得酸鹼指示劑必須到實驗室才行。但是因為實驗室不是一般民眾可以輕易進入的，所以酸鹼指示劑的觀念也常常被關在實驗室內，無法被一般民眾所了解。但是酸鹼指示劑實際上存在於大自然界，實驗室常用的石蕊試紙、甲基橙、甲基藍等等只是一些效果比較好的指示劑。如果能用大自然界的動植物當作酸鹼指示劑，不只能讓學生多了解大自然，還可以讓學生對於酸鹼指示劑有多一點的認識。不過因為動物性的酸鹼指示劑常常因為倫理觀念，或是保存問題而不受重視。例如，牛奶和豆漿有相類似的效果，加了醋以後就會凝結，是一種不錯的酸試劑，但是很容易酸敗，所以不常被使用。

　　植物方面，則因為它是一種可再生資源，只要妥善規畫它的栽培和使用，就不必擔心倫理問題。一般而言，校園植物常常因為「不可隨意攀折花木」的觀念而限制了老師使用校園植物的機會。校園植物幾乎就只有校工可以修剪，全校師生都不可以隨意觸碰，結果是讓師生對校園植物的冷漠、忽略。其實整個校園的植物是全校師生應該關心的對象，當然就該讓全校師生對它有機會接觸。運用它們當成酸鹼指示劑或許只是諸多可以實施的教案之一。

　　許多老師用紫色高麗菜當作這類指示劑的唯一，也是教學指引需要加強的地方。可以這麼說，校園中的植物幾乎有四分之一可以當成酸鹼指示劑的替代品。它們的特色是什麼呢？植物的類別？顏色？還是植物的部位呢？建議你和小朋友一起胡搞瞎搞，放下身段和小朋友一起學習，下一次教學時，你就又多了一個自己建構起來的教案。如果你真的想要知道「標準答案」，也可以與我聯絡。

延伸活動三

✑自製陀螺

　　這是顏色干擾的教案，因為某一張玻璃紙的顏色會遮掉原來已經上了顏色的地方，就好像那個顏色不見了。但是顏色的學習應該是全面的，不是單純學習顏色的干擾就好了。如果在陀螺上塗上顏色，將陀螺打轉以後，將因為陀螺的顏色分布差異而有不同的效果。也有教師將顏色塗到一個圓盤上面，經過打轉以後也有類似效果。

一位國小師資培育者的專業成長
以史萊姆的製作爲自我個案研究

　　國民小學的自然科經常被其他領域的專業人員批評爲「最不自然的自然科學」。一般學生對於自然科學的印象也停留在科學怪人的階段，或是身穿白色實驗衣服，講起話來像電腦一樣的怪人。我在師院服務，除了努力讓學生將上述的刻板印象消除以外，也以自己當作行動研究的對象。本文即是我在這幾年教學成長的過程描述，也可成爲師院學生了解未來當老師後，他們可以採行的專業成長模式之一。成長的過程大致上可以區分爲五個階段：迷惑期、教案找尋期、教案嘗試期、發展期和輔導期等。對於即將來臨的九年一貫課程，國小老師必須自己設計課程，他們在找尋課程的過程也很可能面臨類似的階段，甚至因爲國小教師在過去這幾十年的期間已經被剝削他們的專業自主權，所面臨的困難應該比我所面臨的困擾還大。

　　國小教師因爲包班教學的特色，所以常讓一般民眾懷疑國小教師的專業到底是什麼呢？國小教師培育者的專業又是什麼

呢？這些問題在我回國服務之後經常困惑著我。另一方面，許多家長對於子女考進師院的感覺則是無奈又安心。無奈是因為他們原本認為子女可以有更好的發展，可以到更理想的大學就讀；安心則是因為國小師資的工作保障。這兩項感覺在最近兩、三年有了巨大的改變。不少大專院校和研究所的畢業生搶著到師院的國小師資班就讀，不少研究生還寧可多花一年時間選修教育學分，以便畢業後能有比較多的就業選擇。

國小教師的培訓經過幾十年的歷史，許多傳統的要求仍然存在；加上許多因應新時代要求所帶來的課程正使得國小師資培訓的方向產生誤解。師院學生也因此常徘徊於國小師資培訓與專業科目的訓練之間。傳統的課程在國小師資培育上有相當比例，例如鍵盤樂、版書、書法、國音、木章訓練等無學分的課程。新科技和新觀念所帶來的課程要求，則有資訊教育、英文教學、開放教育、建構主義、鄉土教學活動設計等等。

國小師資培訓在各師院進行，也面對其他大專院校的教育學程、國小師資班、初轉班（代課老師）的挑戰。師院同學的學習是以國小師資培訓為主，需要修習一百四十八個教育相關學分。相對於此，各大專院校的國小師資培訓則是在各個科系的專業培訓之外，選修四十個教育學分後即可到國小實習。這種態度上的區別說明教育主管對國小師資培訓機構的輕視。

面對上述各種說法，我更懷疑國小師資培訓到底要加強哪些專業素養？有人說國小師資培訓要的是教師的愛心，另一些老師則認為學科專業的專精是國小教師的基本素養。但在觀察國小教育一段時間之後，我發現國小教師的教學能力經常不是

他們升遷的評量基準，反而是他們配合國小行政要求的能力更能讓他們快速升遷。這讓我懷疑到底是行政支援教學，抑或是行政主導教學？難怪多數國小教學讓一般民眾瞧不起！甚至不少老一輩的民眾在迎娶媳婦時，國小女教師竟然是因為她們被認為上班時可以提著菜籃買菜，而高居理想媳婦人選排行榜之首。

在經歷這樣一連串的懷疑之後，我開始探討國小教師的專業。我想了解到底一個好的國小教師除了一顆愛心這項無法測量的項目之外，是否還有什麼專業素養是基本的要求。為了這項探討，我就以自己為探討對象，也正符合行動研究的要求。這樣的成長大致上分為迷惑期、教案找尋期、教案嘗試期、發展期、輔導期等五個階段。底下就說明我個人在某一項號稱「無敵大教案」的教學專業成長，希望這樣的自我剖析能幫助眾多國小教師也一起來作行動研究，以便進一步改進教學工作上的瓶頸，才能達到全面的教育改革。這樣的剖析也希望讓有心改善教學的老師能夠看到他們並不孤單，也可以有些「地圖」供參考。

史萊姆

史萊姆（或稱為鼻涕蟲）是卡通人物之一，是一個長久居住在紐約下水道的綠色怪物。它的造型也很類似「飛天法寶」的樣子。因為是卡通人物，所以相當受到小朋友的喜愛。如果

將它轉化成為教學單元，一定能將它的魅力轉化成為一個熱門的教學活動單元。國內也確實有這一類的玩具存在於各個小朋友經常出現的地方，它是一個手形的玩具，用力甩出去時會黏在牆壁上，再慢慢地滑下來。幾年下來，我在教這一單元時，確實感受到它的威力，連讓我頭痛的學生也能夠全心投入。但是這個教案的找尋和修正卻花費了我好幾年的時間，它曾讓我鬱卒過，也讓我欣喜過，更讓我迷惑過；這些經驗和科學家的研究其實是相通的，透過經驗分享，或許老師們在教育改革的路上就不會那麼辛苦。

教學上的迷惑期

　　當我從一個專業的工程界人士（原本的專長是化學工程、食品工程和一些些環境工程）剛轉入教育研究所攻讀博士學位時，很輕鬆地寫了好幾個國小自然科的教案，並且充滿自信地拿給附近的國小教師試教。經過好幾個星期仍不見這幾個國小教師「向我報告試教心得」，就去「興師問罪」。這幾位老師才不得不跟我用一種幾近「白色謊言」的方式說道：「還不錯，不過可能在孩童認知發展上不太合適。」這是我陷於迷惑的地方，教案不是將內容加以兒語化就可以用在國小教學了嗎？何況教案是出自於一個博士班學生的作品，怎麼可能不適合國小教學之用？相信這也是許多國小老師目前的心態，所以他們見到學科專業教授的講解時那種羨慕的眼光，正顯示他們對於自己該有的專業不是很清楚。我是到了博士班才經由美國

教師的開導到達迷惑期，或許是個人材質不甚佳吧！但是國內的國小教師不知道有多少人連這一點都還沒經歷呢！

教案找尋期

　　畢業返國服務後立刻走馬上任，不得不向從前的指導教授求救，或是到圖書館找尋國小科學教育方面的教案。常用的期刊大致上有：*Science and Children*、*Science Scope*、*Science Teacher*、*Science Activities* 等。但是在找尋期間才赫然發現，要找到一個個人滿意的教案還真麻煩，這些期刊一兩年才有一個能夠滿足我的教案出現，所以指導教授這一條線不能斷掉。史萊姆是一個我在求學期間沒有見過的物品。經過指導教授的明燈指引，很幸運地在幾天內就見到他快速地將史萊姆的教案寄過來（那時還沒有網路的方便）。教案上如此說明：

　　取四克 PVA（polyvinyl alcohol）加五十西西的水加以攪拌，再加入五～十西西的飽和硼酸鈉（sodium borate，或稱為 Borax，一種可以在 CVS 買得到的藥品）水溶液。兩種水溶液攪拌至均勻即可倒出來在桌面上玩。為加強效果，可以加入綠色食用色素（活像卡通影片中的角色slime，所以稱為史萊姆），如果沒有 PVA，也可以用白膠（南寶樹脂即為白膠之一）替代。它的物理性質是實驗探討的主要方向。這些物理性質至少包含黏性、彈性、延展度等流變學（對不起！就因為我曾修過流變學，雖然修得很爛，還是賣弄了一下）方面的物理性質。

　　我就找來白膠、綠色色素和硼酸鈉試試看效果。第一次的

效果仍保存在我的辦公桌上，目前是一塊黑色、像是摔破的石頭。既然處女秀成功，就要求系上的助教購買幾瓶 PVA 來玩玩。當初的想法是既然替代物品都有十足的效果，就不必擔心教案上所提的藥品了。沒想到在實驗室，PVA 卻給我十足的臉色瞧。學生在加了四克的PVA後，很期盼地攪拌水溶液，再興奮地加入飽和硼酸鈉水溶液。很可惜，沒有任何一組作得出像樣的產物。對於一個老師而言，這是無法理解的事實。到底是教案上的哪裡出了問題呢？我趕緊思考可能出錯的地方，大致上歸納如下：

我的指導老師故意整我，一定是當年不認真，老師懷恨在心；或是藥品用錯了（因為美國國內生產的PVA可能和我國的PVA不太一樣）；或是因為使用的藥劑計量不對，國內偷工減料也不是今天才有；或是看錯藥品了（當年尚未有電子郵件，信件錯誤是無法避免的）；當然還有其他的可能誤差等等。當年指導教授所提供的資料如下：

Recipe for Silly Putty

Elmer's white glue（類似南寶樹指）, 25ml (about half an inch in the bottom of a paper cup). Add about 20 ml of water to the cup. Add a little food coloring, whatever color you want. Add 5ml of 4% sodium borate solution, stir well with a popsicle stick. You can make this solution by dissolving 4 grams of Borax in 100ml of water. Using the popsicle（冰棒）stick, remove the gunk from the paper cup, place on a piece of plastic wrap.

Recipe for Slime

50 ml of 4% polyvinyl alcohol solution in a paper cup.
Add a few drops of food coloring, yukky（噁心） color of
your choice. Add 5 to 10ml of sodium borate solution (the
same as above). Stir with popsicle（冰棒） stick or ton-
gue depressor.

顯然不是我誤解老師的教導，至少排除了一項可能性。但
是由老師所提供的資料也可看出，美國國小科學教育是以簡易
物品讓學生有機會實際動手操作為原則，而不是以高貴儀器讓
少數優秀學生學習的菁英教育。

在上課期間是無法讓我仔細推敲所有可能的解釋，所以趕
緊建議學生用「死馬當活馬醫治」的想法進行解救。記得那節
課又正好外務纏身，沒有足夠的時間和學生在課堂上充分討
論，教學結果應該是可以預見的。其中有一位學生（我真要感
謝這位同學的胡搞瞎搞，她的名字還清晰地印在我的腦海中）
將PVA加了水以後，放在酒精燈上加熱攪拌，當水溶液達到某
一溫度後再加入飽和硼酸鈉水溶液。奇怪的事情就這樣發生
了！她這一組的實驗竟然產生好玩的產品。這個產品有點黏黏
的，卻又不太黏手。其他組見到這一現象，也趕緊效法，就這
樣完成我的「史萊姆」教學處女秀。說有多尷尬，就有多尷
尬。事後檢討，並從學生的學後心得知道學生對這一實驗大都
抱持正面態度。這就是我的教案尋找階段，尋尋覓覓又不知道

可不可行，還撞得滿頭包。

教案嘗試期

但是對我而言，實驗並不是按照食譜上的材料配置完成就可以結束，而是要進一步探討實驗的操控變因和產品之間的關係。所以在驚濤駭浪的處女秀後，就趕緊修改教案，將實驗的可變變因加以變化，在當天下午進行下一班級的實驗。改變後的教案如下：

各組先秤量四克的 PVA，加入五十西西的水後慢慢加熱，並作不規則的攪拌直到 PVA 完全溶解，或是水溶液冒白煙，或是水溶液的溫度到達攝氏七十度時，將 PVA 的水溶液移開火源。這時再加入飽和硼酸鈉水溶液五十西西（為了增加趣味性，可以加入各種食用色素），並且快速攪拌，攪拌到水溶液的感覺像是麥芽糖時，就可以將混合水溶液倒到桌面上玩。如果要再試驗不同比例的實驗材料，可以改變 PVA 使用的量，但是為了安全起見，PVA 的量在三至十克之間變化即可。

改變後的教案確實給學生帶來空前的樂趣。有些同學將完成的產品慢慢拉成一條項鍊（或是龍鬚糖），有些同學將產品弄成一個面膜，有些同學則將它搓成麵團，甚至有同學就將它丟到牆壁上、天花板上，看它像髮膠般慢慢垂下來的樣子。一些比較乖的學生則將它放在桌面上拼成各種圖案，活像紙黏土一般；最大的差別是它無法定型，隔沒多久就會垮下來。但也因為它的無法定型更增加學生的學習樂趣。有些學生則將過量

的PVA加上水，結果產生一個像極了「跳彈球」般的球體，當然就有學生開始學「灌籃高手」般的將它丟來丟去。整個教室像極了菜市場的吵鬧，但是每個學生都百分之百地認真討論各種因為反應物比例改變所帶來的物理性質上的變化。這個嘗試確實給我相當的成就感，也給學生前所未有的學習快樂。

教案發展期

　　這樣的教學模式一直進行了相當長的時間，每次教學都給每班學生帶來刺激，甚至也激發了那些在課堂上打瞌睡的學生參與學習的意願。但是這樣的情形也有些改變，這是我在教美勞教育學系二年級和幼教學系一年級學生的「自然科學概論」時發生的。同樣的激情也在這兩班的學生身上產生，但是為了配合各系學生的不同性質，我在作業的要求方面作了修改。作業的要求是希望同學分組將史萊姆的活動設計成適合不同年級需要（同學分為八組，分別針對幼兒園學童，到國中一年級等八個年級）的單元活動。結果只見到每組同學將上課內容一五一十地寫出來，只在使用酒精燈的方面提到要特別注意學童的安全。

　　我的教學經驗以及家中兩個小朋友的實際經驗，理所當然地明白這種不合理的單元活動設計如果真的實施所可能帶來的災害。原本想向學生說明可以變通的方案，是由老師先做好史萊姆後再將它依顏色不同分發給學童操作。這似乎是我當時唯一可能的作為。但是在每次操作後都得使用過量 PVA 的情形

下，我終於寫了一封信給國內生產PVA的廠商：長春石油化學股份有限公司，向他們索取少量的PVA（對於一個化學公司而言，一包二十五公斤的原料是少量，但是對於一個教學者而言，十公斤的PVA則要花費大約一萬元的經費）。特別希望能向該公司取得那種可以在冷水中完全溶解的PVA，只因為一般的化學藥品行買不到它。

　　意外的事情再度發生，在短短不到一個星期的等待中，長春石油化學股份公司的郭課長打電話來。郭課長親切地詢問我的需求後，就指示該公司的倉儲人員寄來五包純白色的PVA，和五包乳白色的PVA，和一本PVA的簡介。獲得這些資源後，我當然就開始嘗試哪一種可以在冷水中完全溶解，並且鼓勵師院的同學也試一試兩種PVA的特色。效果雖然不錯，但是卻無法完全滿足我的慾望，因為能溶於冷水的 PVA 效果並不是很好。不得已，我只好再寫一封信給郭課長感謝和再次求援。很短的期間內又接到郭課長的回電，正好是該去接女兒回家的時刻。只記得對方提到如果要用水水的PVA，何不去文具行購買膠水。膠水？竟然膠水會是我的救星？如果這麼簡單，為何市面上沒有這樣的教案存在呢？

　　抱著一顆懷疑的心，我到附近的文具店購買了兩瓶膠水（因為膠水盒上標示著 PVAL），並且交代文具店老闆記得幫忙訂幾瓶大瓶的膠水。當時還依稀記得文具店老闆滿臉的疑惑。因為膠水可能不夠使用，所以我到另一家文具行試試看運氣。嘿！運氣不錯，那家文具行有那種補充包裝的膠水（五百西西），就買了兩瓶回家，準備等第二天到學校後試試手氣。

　　次日到了學校，趕緊倒出一些膠水配上飽和的硼酸鈉水溶液（這時還不太敢用硼砂替代硼酸鈉呢）。哇！那時的感覺真是棒極了！竟然給試對了！我當時的感覺是「這下各個文具行的膠水會大賣了」。趕緊再找來硼砂（以前到中藥行購買的），再度試試手氣。再一度的「哇」！

　　正好有一位學生在辦公室內閒坐，我就交代她嘗試各種「膠水和水的比例」，以及「膠水水溶液和硼砂飽和水溶液」的組合。她一次次地告訴我成功的經驗，更加強我深信這一教案未來在國小階段的前程。果然，在接下來的教學分享時，和其他班級說明新教案的可行性，更購買了好幾瓶五百西西的膠水讓學生親自嘗試。結果是全面性的改革，甚至在初轉班的學生在上完那堂課之後，附近的文具店在一個多星期內竟然再也找不到膠水補充。由學生那邊得到的回饋盡是：

　　　　老師，我們用了膠水的教案在巴魯巴研習（一個
　　開放給學校附近學童的美勞教學活動），沒想到小朋
　　友都不肯下課（晶鳳）！

　　另外兩班數理教育學系的學生到台北縣一所大型小學的試教活動也同時證明這一教案受到小朋友的歡迎程度。

　　　　當小朋友見到我將鼻涕蟲從杯子裡倒出來的那種
　　感覺，真讓我把準備教案的辛苦丟到一邊（龍鳳）！

> 小朋友圍繞在我們身邊索取我們的親筆簽名，讓
> 我感覺像是大明星一般，一切辛苦也不算什麼了（淵
> 傑）！

這些快樂的學習經驗都告訴我它在國小實施的絕對優勢，接下來的問題是「除了玩以外，難道沒有什麼教育意義？」但是從另一方面分析，絕大多數的民眾在學校的正規教育當中，除了同樂會以外，還有什麼是符合快樂的學習這一教育界向來所標榜的目標呢？

輔導期

我就將這一活動運用在每一個和自然科教學有關聯的課程上，並且要求學生分組將這個教學活動帶給國小或是幼稚園階段的學生，可以說是無往不利。學生在見到兩個原本都是液體的物質在攪拌一段時間之後，竟然會變成黏稠性極強的新物質，那種渴望的心是我們可以理解的事情，我們自己一輩子也沒有多少次機會可以見到這種變化。當我在暑假期間和假日班要求在職進修的教師將這一活動帶回去給他們的學生時，因為材料處處可以購買得到，而受到這些教師的青睞。

另一方面，我有幾位大學部的學生在暑假期間帶領一些台北縣的國小學童動手作科學，史萊姆也是他們的教學活動之一，而且是採用最新發展出來的教案：就是硼砂飽和水溶液加上合成膠水。學生的反應也是非常激烈地好，擔任教學的同學

唯一抱怨的是，其他兩位協同的同學告訴學生太多知識，使得他原本的教案必須修改而已。另一項兒童科學夏令營在八月初復活，主辦的校長拜託我協助規畫。我也嘗試將史萊姆規畫進去，兩節課的時間好像一下子就飛逝過去，學生的學習更是在毫無壓力的情形下度過。這一點正說明此一教案到這一階段的光彩奪目，更是可以大力推廣的一個統整教案。

在輔導期間，主要的對象是師院同學到各地的試教活動。由於這裡所提的師院同學是一些大一、二的學生，而不是傳統上所認為的應屆畢業生，他們在心理建設上以及各方面的學習尚在進行中，特別是一些班級經營的能力還有待訓練，所以輔導的重點是這些師院低年級同學的自信心以及應變能力。一位學生在試教時，就發現新買的合成膠水竟然在教學時不聽話，差一點讓他在小學生面前洩氣。幸好這位學生的反應很快，能了解是膠水的問題，而不是教案出了問題。和我研商之後，更發現如果將這樣的教案拿來當成進階教案，或許可以進一步檢驗各個品牌的合成膠水稀釋的程度，還真是一舉兩得。

教案檢討

不少老師學了這個教案後，一方面感受它的威力無窮，一方面又覺得自己對於它的化學反應知識不足，害怕會被學生考倒。對於這樣的現象，我也曾經困擾相當長的時間，至少它就像是我生下來的孩子一樣可愛，我也要為它的未來考慮一下。

經過一段時間的困惑，我已經心情開朗了。原來老師們將這一教案當成自然科的教學，「所以」老師就該給學生足夠的自然科相關知識。但是，老師該給知識嗎？這個教案只和自然科相關嗎？

　　相信不少國小老師也會教學生捏陶土，然後拿到窯子去燒陶土，做成的產品是一件賞心悅目的陶器。但是從陶土變為陶器是一個非常深奧的化學變化，卻沒有老師擔心沒有足夠的化學知識可以給學生。原來老師將陶土的學習和美勞科教學畫上等號，也就是陶土的學習不必具有任何化學知識，就可以和國小學童分享。但是他們對於史萊姆的學習卻是來自於化學，一門他們認為只和自然科有關聯的科目，所以他們會害怕自己的科學知識不足而卻步。

　　這種單一科目聯想的自然現象，正是分科教學多年以來的影響。如果能夠去除這種單一科目的教學觀點，就能夠去除老師們的疑惑，這也是九年一貫課程當中所要求的課程統整。不妨結合其他科目的學習，讓學生對於這個項目的學習有更深刻的印象，相信也是我們所強調的「帶得走的能力」的落實。

普通化學學習單

隱形墨水製作

談到隱形墨水時你會想到什麼？檸檬汁塗在紙上？還是稀硫酸塗在紙上，然後再將紙張放在火上烤一烤？確實這些方式都是大家所熟悉的隱形墨水操作模式；但也因為老早就聽過，所以滿遜的。為了讓你能夠抬頭挺胸，建議下面的隱形墨水操作模式，試試看，或許你可以發掘出更新式的隱形墨水。

將維他命 C 水溶液塗在紙上，陰乾之後（仍是無字天書），再用優碘的水溶液塗上去就會有隱形墨水的功能。

用硫代硫酸鈉取代上述的維他命 C，再用優碘顯現隱形墨水。

你也可以先用優碘塗在紙上，等紙張陰乾之後，再用維他

命 C 塗上去，就可以見到「立可白」的效果。

　　相同的道理，先塗優碘水溶液，再塗上硫代硫酸鈉就有相同效果。比較以上方式哪一種效果較好？

　　也有一種可以用傳統的檸檬汁方式進行隱形墨水，但是故意讓紙張燒掉，並在手上先用肥皂水寫著和檸檬汁一樣的字。等紙張完全燒掉後再假裝憑弔那張紙，拿著紙灰搓揉在手上，手上將有字顯現。這幾乎就是魔術表演，不是嗎？

　　還有哪些隱形墨水的實作模式呢？其實你在高中所操作過的化學反應中，只要是反應式的一邊是完全無色的反應物或是產物，另一邊是有顏色的，就可以試試看。

　　如果你還有餘力，或許可以試試看如何將剛發展出來的隱形墨水運用到非自然科的學習上，例如美勞科（如何設計一張具有創意的卡片？例如新年快樂的卡片啊）或是社會科教學上（話說武俠小說中的無字天書）等。

暖暖包的製作

　　在寒冷的冬天，你我常常找不到溫暖的物體好讓我們的身體暖和起來。記不記得有些人躺在床上好幾個鐘頭還是手腳冰冷，那時最過癮的事情就是將冰冷的腳去觸碰另一個人的腳，但是這樣又有點不道德。另一個方式就是購買坊間的暖爐，就是一種可以添加燃料的懷爐，偏偏這樣的懷爐只有一丁點大，溫暖了腳就無法照顧手。所以就有人想到用另一種「騷包」，

同時用幾個就可以避免不必要的身體觸碰。

你知道嗎？這種坊間買得到的騷包其實是運用鐵生鏽的原理得到熱量的。很奇怪吧！鐵生鏽通常只讓人聯想到不好的事情，居然也有好處？不要擔心，世界上就是有這麼多奇怪的事情。

老師從超級市場買了幾個騷包，秤了一下淨重，大約是三十公克。再仔細看騷包的成分，原來它含有鐵粉、鹽巴、水（但是幾乎看不到水分啊）、活性碳和蛭石等成分。好了！這就是你的已知條件。嘗試去找出最好的騷包成分吧！建議你這一組可以先討論實驗的條件，將這些成分放在容器中加以規律地攪拌。請你記錄攪拌過程的溫度和時間的關係，哪種成分組合可以達到最高溫度？不要害怕這樣的組合會將你燙到，因為我們是將這些成分以人工方式釋放出含在其間的熱能。這就像是燃燒一根蠟燭可以慢慢燒，只發出一些光線；當然你也可以很快地將蠟燭燒掉，並且放出刺眼的光芒。這個道理就這麼簡單。

當你找出最高溫度的組合之後，可以嘗試將手邊的不織布織成你喜歡的形狀，然後將最佳組合的所有成分放進小騷包中，就是一個自己製作的騷包了，加油！

拈花惹草

這是一個讓你內心中那個壞人可以盡情發揮的教學活動，

它讓你可以在校園裡當採花大盜，但是請你稍稍小心，拈花惹草也是有限度的，不要讓學校變成光禿禿的沒有任何花草。

這一活動是依據石蕊試紙的特性：它是由一種植物（地衣）的萃取液作成的。既然地衣有這一功能，我們一般人對於地衣又不見得了解，只好利用校園植物達成教學功能。

請你在校園先找尋一些你認識名字的植物，摘取極少量的植物部位帶回實驗室後加以研磨。植物的量只要能萃取三至六滴的汁液即可（如果你所摘取的植物幾乎擠不出汁液，可以加入極少量的水萃取）。請將萃取出的植物汁液分別放置在沉澱板的三個格子裡，一格加入白醋，另一格加入小蘇打水溶液，中間一格加入自來水當作對比。如果有某個植物的萃取液在加入酸鹼後呈現對比很強的顏色，就可能是酸鹼指示劑的替代品（例如加酸鹼後呈現出對比色極強的顏色，像是紅色和綠色的對比）。請你們設計表格表示哪些植物具有這樣的功能？是植物的部位，或是植物的種類、植物的顏色決定它們的這項功能？換句話說，當你一邊操作、一邊記錄時，將會發現有些植物的這項功能很強，另外一些植物的這項功能就很差；請你們討論功能強的植物有什麼共同的特色？你不覺得就是有那些功能比較差的才能襯托出功能強的植物嗎？所以如果你們所得到的結果不怎麼好，請不要太洩氣。

當你知道校園中哪些植物可以當作酸鹼指示劑的替代品後，想不想自己製作酸鹼指示劑？找出最理想的植物（或是書上常寫的紫色高麗菜），將它磨成汁液，然後分成兩部分。一邊加入小蘇打水溶液，另一邊加入白醋。接下來要做的就是將

吸水性比較強的紙張放到兩邊的水溶液中浸泡。確定紙張吸收足夠的水溶液後就可以取出陰乾。陰乾後的紙張就是你們所製作出來的酸鹼指示劑。

　　這樣做出來的酸鹼指示劑因為沒有做好防腐處理，很容易發霉，請思考一下如何處理才可以讓自製的酸鹼指示劑不會腐壞？

大家一起來生氣

　　國小常使用二氧化錳（MnO_2）加入雙氧水之中，以便催化雙氧水分解為氧氣和水。這樣的反應在國小實施其實並不合適，主要是因為反應過於快速、激烈，國小學生經常來不及反應就結束實驗活動，對於實驗的結果無法留下深刻印象。另一方面，二氧化錳只能在實驗室找得到，對於國小學生尚處於實作階段的學習，常常因為無法反覆見到而降低學習效果。

　　但是日常生活上的一些動植物就可以取代二氧化錳讓雙氧水分解，本實驗就是要利用這一原理讓學生進行氧氣的製造。

　　書上提到豬肝、馬鈴薯、紅蘿蔔可以取代二氧化錳。這些生物性質相信你也都見過，但是實驗時要用生的或是熟的呢？先想想！如果豬肝可以用來製作氧氣，豬的其他內臟呢？其他動物的內臟呢？哪些效果好？馬鈴薯、紅蘿蔔可以的話，類似的植物可以嗎？它們的上半身呢？加油！

鼻涕蟲的製作

不知道你們有沒有玩過鼻涕蟲？就是那種有手掌形的玩具，可以甩出去黏在牆壁上。其實你也可以自己製作鼻涕蟲，材料也很容易找到，製作過程如下：

先秤取 PVA（聚氯乙烯）四～十克，加入一百毫升（請用量筒秤量水量）的自來水。將兩者同時加熱、攪拌（不規則攪拌，以免產生漩渦），直到混合物的溫度到達七十度以上時將燒杯移開火源。這時候將原先準備好的五～五十毫升飽和硼砂水溶液加入，並且快速攪拌。當混合物的特性改變後，將產品倒置在乾淨的桌面上玩弄。

請玩玩看這一物質的特性。這物質是否有黏性？彈性？延展性？這些性質又要如何定義呢？

請和其他組同學做出來的鼻涕蟲比較一下，你們的鼻涕蟲的各種性質是否相同？什麼是你們心目中最佳的鼻涕蟲性質呢？要如何改變鼻涕蟲的成分才能得到理想的鼻涕蟲呢？

除了比較鼻涕蟲的特色以外，是否能利用鼻涕蟲做出一些作品呢？例如教堂的彩色窗戶，或是利用鼻涕蟲吹出太空球？

萬一你們能做出全校同學都喜歡的鼻涕蟲，是否能依據鼻涕蟲的成本，好好規畫出一個可以幫忙你們賺大錢的鼻涕蟲？你們的銷售管道是什麼呢？

普通化學課程大綱

普通化學 B 班八十七學年度課程大綱

（授課教師姓名：陳佩正）

同學對於課堂上不了解的內容歡迎到環境教育中心（位於科學館 507A 室）討論。

上課大綱如下，但會依據上課時外在環境需求更改順序：

描鏡遊戲、活動單和酒精槍示範（破冰活動）

探花大「道」（自製酸鹼指示劑的製作）

讓我們一起來生氣（生物性物質催化雙氧水的過程）

鼻涕蟲製作與玩樂（高分子化學）

悶熄蠟燭（自然科學典範轉移）

騷包製作（暖暖包的製作原理）

蛇偷吃了我的蛋？（指紋顯現、指印作畫、還有什麼？）

無字天書（隱形墨水）

泡泡營（泡泡世界）

膨風玩具（放熱、吸熱反應）

維他命 C 檢定和應用（藍色指示劑和碘液）

衛生棉「靠得住」嗎？（高分子化學、螢光劑檢驗）

海底花園（無機化學）

蛋（滲透壓、酸對於石灰的侵襲、雕刻）

再生紙（廢紙和植物的混合）

手染布製作（鄉土化學介紹）

界面活性劑遊戲探討（界面化學）

人造琥珀（樹酯、高分子化學的認識）

白色粉末（科學分類的介紹）

噴泉製作（吹汽球）

校園飲料總檢驗（酸鹼值和餘氯檢驗）

鋁罐安全嗎（鋁罐和酸的反應）？

看誰跑得快（色層分析）

愛玉凍、石花菜、燒仙草（膠體的認識）

巫婆雷克（懸浮溶液的認識）

口香糖知多少（認識膠體特性、口香糖含糖量探討）

急凍包（尚待開發）

學期評量：

　　無期中考、期末考或是期末報告。上課參與態度。（無故缺席「沒出息」一次扣期末總成績的十分，所以若是有四次「沒出息」，就不用來上課了！）

　　上課採用開放方式，以實驗帶動學習。老師除了點出實驗的可能方向以外，不會說太多限制你思考的言論。所以上課態度在於你是否能主動探討未知的學問。

　　每次上完課後的第二星期，請將學習過程繳交到老師這邊當成評量重點。學習過程的書寫至少包含：單元名稱、和國小課程的相關性（不限於國小自然科課程的檢討，可到圖書館四樓查詢相關資料）、上課實驗所需器材（含如何配製以及所需的量）、實驗過程說明、實驗相關內容和化學有關的知識描述、你的個人體驗心得等等。

普通化學活動單

您的大名_____

最近看過的一本書_____

　　請在班上找出有下列特徵的同學，並且向他（她）詢問該項特徵的相關事項，以及該特徵對他（她）的影響，再將這位同學的大名寫在左邊空格。這活動是讓大家重新認識彼此，以便進一步在接下來的課程有高效率的教學效果，所以不要急著填寫完每個人的大名，重點在比較深入地認識同學的另一面。

_____ 1.玩過鼻涕蟲的人

_____ 2.看過泡泡博士的人

_____ 3.知道如何製作酸鹼指示劑的人

_____ 4.知道如何利用生物催化雙氧水分解的人

_____ 5.討厭化學的人

_____ 6.做過悶熄蠟燭的人

_____ 7.喜歡打電動玩具的人

_____ 8.不同科系（或是不同入學方式）的人

_____ 9.知道化學和其他科目關聯的人

_____ 10.做過手染布的人

_____ 11.被口香糖黏過的人

_____ 12.認為教育工作很簡單的人

_____ 13.重考過的人

_____ 14.做過隱形墨水的人

_____ 15.家中曾經遭竊的人

_____ 16.冬天會手腳冰冷的人

_____ 17.玩過海底花園（或是耶誕節的魔術樹）的人

_____ 18.高中時期化學不錯的人

_____ 19.高中時期化學很需要加強的人

_____ 20.當過別的同學的小老師的人

_____ 21.聽過多元智慧論的人

_____ 22.聽過建構教學的人

_____ 23.會建立網頁的人

行動研究導論和相關網站介紹

　　你受不了誘惑了嗎？你是否也想要享受突破現況的快樂呢？行動研究可以說是你成長紀錄的不二法門，多元智慧、建構教學、開放教育等等，都只是嘗試行動研究的一項工具。如果你也想多知道一些行動研究的報導或是行動研究到底是什麼，底下就是我的說明。請記得，本書的呈現不是先用行動研究的學理把你嚇跑，而是先用各種方式引誘你進入行動研究的領域，也就是採用循環學習的方式循序漸進地引導你進入研究領域的，你的教學是否也能夠如此呢？

行動研究是什麼？

　　簡單地說，行動研究是一門逐漸受到重視的教育研究方式。它鼓勵老師反思他的教學作為以增進他的教學品質以及提

升學生的學習效果。它是一種以學校本位發展課程、教師專業成長和改善學校品質的自我探索過程。它強調老師的主動參與教學過程反思。

行動研究通常包含四個核心步驟：規畫（決定如何解決問題）、行動（履行計畫）、觀察（注意並記錄所發生的事情）、反省（分析結果和修正下一個行動循環的計畫）（引自《成人教育》第四十五期，1998）。

另一類的階段分類方式是由夏林清等人翻譯的《行動研究方法導論：教師動手作研究》（民87，台北：遠流）。這本書提出四個階段論如下：尋找一個起始點、釐清情境、發展行動策略並放入實踐中、公開老師的知識等。

雖然兩者的分類方式不盡相同，但是都有同一個目標，就是要改善老師自己的教學。但是老師的教學如何判斷優劣呢？我們參加「國中小補救教學示範學校專案」的朋友在一次行動研究工作坊裡，列出下列幾項標準：

一、師生及同儕共同創作。

二、在各科目中發展學生的語文及學科素養。

三、將學校學習與學生生活連結。

四、教導高層次的思考技巧。

五、經由對話進行教學（引自張稚美的行動研究工作坊）。

另外，《應用心理研究》一九九九年第一期也以「教育改革：理念與實踐」為主題，其中也有不少和行動研究有關的報導（台北：五南出版社）。您可以參考其中的一些報告，很快您就會發現其實您已經在做行動研究了，差別只在於是否把它

記錄下來。要記得您我是越來越老，記憶也會越來越壞，趁著記憶還可以的時候，把它記錄下來吧！

　　當然，在網際網路盛行的時代，您不必局限在我能提供的資訊上面，您還可以透過網路的搜尋得到最新的資訊。底下就介紹一些國內外的行動研究網頁（你也可以用任何一個搜尋機器，輸入「行動研究」或是「Action Research」，就可以找出更多新建立的網頁）：

英國的行動研究網頁

Jack Whitehead's Action Research website:

http://www.bath.ac.uk/dsajw/~e

　　這個網頁提供許多行動研究的基本概念和一些研究生的研究成果。如果你不知道什麼是行動研究，而你的英文還不錯，就是一個很值得你不斷探訪的網站。它還提供網上直接溝通的服務〔就是聊天室（chat room）的功能〕。

愛爾蘭的行動研究網頁

http://ireland.iol.ie/~rayo/

　　這個網頁也提供很多行動研究相關網頁的連結，也可以將它鍵入你的最愛當中，下次找尋資料就容易許多。它也提供一些初學者可以閱讀的資訊。

加拿大的「為明天教學的今天」網頁

http://www.mbnet.mb.ca/~sevenoak/ttt/main.htm

　　這是一個加拿大教師組織所提供的網頁，其中提供老師第

一線工作時所可能面對的各種情況和處理方式，以及老師在處理過程中所做的行動研究報告。內容有老師們關心的各科教學內容和行動研究初探、老師的行動研究樣本、研討會手冊和教育文獻的探討等等。

　　你現在迷上行動研究了嗎？如果你已經結婚，而且有不錯的婚姻生活，那麼你就已經做過行動研究了。怎麼說呢？就讓我們用一個男生追求一位女生的經驗來說明吧！

　　當一位男生碰到一位讓他觸電的女生之後，他就會想盡辦法去接近這位女生。可能他要先了解這位女生的好朋友有哪些人，是否可以透過好朋友的管道請這位夢中情人一起外出約會。當然開始的外出約會以多人組合為理想，也就是一群人一起外出為藉口，但是實際上是幫某人設計約一個夢中人出來罷了！

　　一旦有機會外出，這個男生會想辦法秀出他的特色去吸引這個女生的注意。這樣一兩次的約會之後，很可能就是單獨約會外出。當然兩人的交往也會由本壘慢慢推進到一壘、二壘……等等。重點在於這個男生如果要讓戀愛持續下去，他在每次約會之後一定會反省約會時女生的感受，並在下次約會時作適當的修正。這樣持續反省和修正的動作其實就是戀愛學當中的行動研究：採取主動行動，不斷修正和反思。唯一美中不足的就是沒有記錄下來！

　　教學的行動研究也是一樣，當老師的你也要採取主動

的行動去吸引學生的學習興趣，就像是要讓學生喜歡你的教學一樣。當然觸電的感受是教學時最困難的技巧，它是教學佈題的設計，將在下一本書提到。一旦學生對於你的教學有反應了（就像女生答應男生外出約會了），你就必須隨時注意對方的反應，並在教學當時和教學之後作適當的反思，這樣才能夠符合行動研究的精神。最怕的應該是許多老師已經將學生的學習當作反射動作，無法觀察出教室裡的異常現象。

　　有不少人質疑行動研究不像一般的教學原理，可以放諸四海皆準。但是我們必須了解，每個教室的動態都不相同，沒有任何一套教學原理可以運用到任何一個教室而不必作適當的修正。每個學生都是特殊教育的學生，都需要老師特殊的關懷。這也像是沒有任何一套戀愛公式是可以放諸四海皆準的一樣。但是行動研究的可貴就在於它鼓勵老師採取行動，並且隨時作反思的動作。戀愛會成功不也是一樣嗎？

　　上面的例子是用男生的角度分析，是不是女生就比較不會作行動研究呢？一點也不是！在戀愛過程中，多數的男生只須採取主動，是否成功只是時間不盡相同而已。但是女生方面需要花費更多的思考！如果戀愛的對方攻勢太快，要直接由一壘直衝本壘，女生要採取何種守勢？萬一男生不解風情，交往了好幾年都還只是「君子之交淡如水」，女方該如何暗示呢？其實女生在這方面的素養比男生還高出很多，所以女老師應該可以由自己的戀愛過程摸

索出行動研究的精髓來。

　　萬一你不是自由戀愛過程結婚的，是不是就不會行動研究了呢？一點也不！只要你有幸福的婚姻，我想要保持幸福的婚姻，必須靠著更多持久的反思和行動。所以請將你這些方面的過程運用在教學上面，你就會有機會享受和戀愛一般的教學過程。

當你擁有武功秘笈，

重要的不是表象上的擁有它，

而是不斷嘗試

秘笈中的各種招式和「頓悟」。

其實，教學也如此，

行動研究更是一樣。

加油！

幼兒教育和環境教育

　　許多從事環境教育的朋友振振有詞地指出，環境教育雖然只有短短幾年，卻已經有斐然的成就。通常我們會聽到如下的「證據」：

　　各級學校都在進行資源回收，在國小所推動的效果特別高。

　　其實這樣的論點有三個破綻，可是國內長久以來所忽略的批判思考，卻讓國人聽到這樣的證據時，就像是服用了迷幻藥一般的迷失方向，導致國內的環境教育在政策上就已經錯誤，更不用提錯誤政策所帶來的惡果。底下先分析上述「證據」的三個破綻，再嘗試提出一套可行之於幼兒教育階段的環境教育模式。

　　三個破綻分別是：矮化環境教育、忽略教育的內化作用，以及忽略教師的需求。所以雖然已經花費相當多的經費，卻讓教師只能不斷提醒學童多回收資源。基本上，這樣的迷幻現象

主要是因為國人比較喜歡聽好聽的話，卻比較不願意捲起袖子工作有關。

　　矮化環境教育方面，將資源回收當成環境教育的主流是錯誤的方向，如果將廢棄物處理當成環境教育還有一點樣子。廢棄物的處理可以說是資源回收的母族群，前者至少包含了拒絕購買（refuse，或是拒絕購買過分包裝的產品）、再使用（re-use）、堆肥製作（compost）、資源回收再利用（recycle）、衛生掩埋場（landfill）和焚化爐（regeneration，但是在專業上是以 incinerator 為主要術語）等六大項。所以若要講究廢棄物的處理，資源回收也只是第四順位，過分強調它的重要只是表示推動人員對於廢棄物處理策略的不夠專業罷了。也或許是因為我們長久以來利用學生推動所有成年人無法達成的政策所導致的另一項錯誤措施。

　　不少商業團體曾經認為廢棄物處理順序當中的拒絕購買是一項反商行為，代表著環境教育是要民眾回到原始生活大家衣不遮體的情境，甚至有一些環境教育推動人員也認為拒絕購買不好。難怪許多民眾認為環保團體就是在野黨的替代名稱。世界各國不管是執政黨或是在野黨都有支持環保政策的民意代表，國內也正在形成這一類超越政黨意識的民意代表的次團體。這其實就是國內在推動環境教育時是由外行人領導內行人的困擾，也代表著一種形式的黑暗期。真正的拒絕購買是要民眾先了解自己的基本需求和慾望之間的不同。人類的基本需求大致上相同，就是求生存和衣食方面兩大項。隨著工業社會的發展，許多人認為只滿足人類的基本需求是一種落伍的情形。

這或許是科技快速發展卻缺乏科技倫理的配合所帶來的困擾。土地倫理前輩李奧波，在五十年前就已經明白指出，**不能讓人類更加理解環境結構的科技是不值得發展的**。但是許多科技人員卻執迷在科技的發展，所以我們見到複製動物的科技發展，卻不去思考複製動物可能帶來的倫理問題。

其實真正的拒絕購買是要讓民眾了解各種商業產品對於環境的影響程度，再去選擇對於環境品質影響程度最低的產品。所以我們在環境教育方面不鼓勵民眾選擇過分包裝的商業產品，我們也不鼓勵民眾購買忽略環境品質的公司所生產的商業產品（例如桃園RCA案）。相對於拒絕購買這一類的產品，環境教育也鼓勵民眾購買符合環境保護的商業產品，例如 ISO 14000 標誌所代表的訴求。所以我們鼓勵民眾購買再生產品，或是符合衛生標準但是包裝簡易的商業產品。這樣的要求絕對不是反商的行為，而是代表民眾已經了解後現代時代（post modern era）已經來臨的象徵，絕對不是要和文明發展抗拒的行為。如果民眾真能夠朝這一方向努力，我們談的就不是廢棄物處理的問題，而是廢棄物尚未產生就考慮它的處理方式，絕對是進步的表現。

國內在「再使用」方面，就比較有些成就。這樣的行為有環保購物袋的使用、環保杯的攜帶、環保餐具的使用等等。但是這樣的情形也以國內的研討會所贈送的環保物品為主，還未形成社會主流風氣。更多的是購買商品時，以精緻或衛生為藉口的多重包裝，或是顧及衛生問題（例如為了防治肝病所使用的保麗龍餐具）而大量使用的免洗餐具，以及民眾在購物之後

隨意丟棄塑膠袋，才會造成塑膠製品的氾濫。未來是否能夠將環保再使用的理念融入年輕一輩的「酷」、「炫」，則是環教學者應努力的方向之一。

堆肥對許多民眾而言是相當陌生的名詞。但是在三、四十年前，堆肥卻是一般民眾日常生活上必須面對的肥料之一。早期的水肥是許多家庭的經濟收入之一，指的就是各個家庭的糞坑所擁有的大小便。經過適當處理後，這些水肥是農田裡最主要的肥料。曾幾何時，才短短幾十年，過去是家庭經濟收入來源之一的水肥，已經變成人人討厭的水肥，它的處理還得讓民眾花費金錢才勉強有業者幫忙抽走。過去庭院旁都會有的堆肥場也因為公寓式小家庭的盛行，而變成今日垃圾中的主要角色之一：廚餘，它佔了目前家庭垃圾中的四成。而且因為它所含有的水分太高，使得家庭垃圾必須天天倒掉，否則就會發臭，間接造成衛生問題。如果將這樣的廚餘拿到焚化爐處理也會間接增加焚化爐的使用成本，甚至減少焚化爐的使用壽命。

相對的，如果民眾能夠將廚餘或是落葉以堆肥的方式將這些垃圾轉化為有用的堆肥，不只可以減少垃圾量，更可以增加對人體無害的堆肥。可惜這樣好像是要搶合成肥料公司的市場，而不受政府的青睞。反過來說，如果肥料公司能夠以堆肥的製作為主要訴求，在各個社區放置廚餘、落葉放置場，或許會是另一個成功的商業市場。世界上有許多國家的民眾在最近幾年已經了解到化學肥料對於人體的負面影響，而紛紛主動推動堆肥的製作。國內的主婦聯盟是推動堆肥製作相當有功勞的民間團體。

資源回收再利用是下一個順位。因為如果按照以上三種方式進行垃圾處理，剩餘的垃圾量就不會很多。如果有剩下可以回收的垃圾就以回收再製的方式加以處理，例如廢紙、玻璃罐、塑膠瓶、鋁罐、鐵罐的回收再製。如果依照國內這些廢棄物的生產速度分析，重量最重的是廢紙的產量，其次是塑膠瓶和鐵罐，最後才是鋁罐；但是在剩餘價值方面，卻有反過來的情形。所以在各級學校推動時，曾經發現學校行政人員鼓勵學童多多回收鋁罐的情形；相對的，因為外在環境因素而不鼓勵學童多多回收廢紙張。

更奇怪的是一些縣市教育局以回收資源的經濟價值當成資源回收的主要依據，使得許多學校變相地鼓勵學童多消費，以便製造比較多的回收量，特別是經濟價值比較高的鋁罐，更是校園裡罐裝飲料的主要消費品。這和環境教育的推動是反其道而行，也因為這樣的情形相當普遍，讓我反省了很長的時間不敢寫文章。當然還有不少資源回收的問題尚未解決，需要我們一起努力的小地方，例如廢燈管的回收、廢電池的回收、廢紙的分類等等，在國內仍舊需要大家努力解決。拖延越久所帶來的惡果，只會讓我們這一輩對下一代的虧欠越多罷了！台灣中南部地區的地層下陷已經讓一千一百平方公里的平原地區比海平面還低，佔了台灣地區總平原地區的十分之一；這些是無法挽回的環境品質惡化。

欣聞環保署將全面回收廢電池，並考慮回收便利性，將在各地放置回收箱。這是正面的措施，但是卻還有一些措施是可以再修正的。這些廢電池回收後不是在國內處理到沒有毒性，

而是採用境外處理方式，送到落後國家掩埋。如果我們聯想到台塑的汞污泥處理曾經讓我國蒙羞過，這麼多的廢電池將會受到國際間的環保團體的抗議。

至於衛生掩埋場的設立，到目前為止是許多縣市政府的痛（例如桃園縣的中壢垃圾事件）。但這或許也和國人在經濟方面的投資管道比較少，不得不以房地產為主要投資管道有關。民眾對於衛生掩埋場的怨言最主要的，就是衛生問題和因為衛生問題所帶來的房地產價格下降。國外也發生同樣的抗爭問題，但是因為在前四項措施的推動上比較得力，剩下的垃圾比較沒有衛生問題，所以衛生問題就相對的不是那麼重要。至於房地產價格的下降，確實讓多數民眾對於衛生掩埋場的設立抱著不太歡迎的態度。但是由日本和其他先進國家在衛生掩埋場完工後對於衛生掩埋場所做的措施，卻可以讓我們對衛生掩埋場有全新的觀點。許多衛生掩埋場在完工後，經過社區發展委員會的精心設計，而變成社區的綠色公園，或是高爾夫球場，相對的提升了社區中的房地產價格。所以如果未來在規畫衛生掩埋場方面能夠先考慮各個區域的綠色公園規畫，相信可以降低抗爭的程度。也就是說衛生掩埋場的廠址規畫，可能要由目前的大規模改為分散式的小規模衛生掩埋場。

至於國內目前大力推動的焚化爐工業，是許多先進國家比較排斥的環保措施，其實是一種不得已的措施。過去的政策並不重視垃圾的處理，所以不是以露天燃燒方式處理，就是就近找一個河岸堆放。這可以由南北兩大縣，台北縣和高雄縣在基隆河岸邊、高屏溪兩旁堆積如山的垃圾看出端倪。焚化爐的規

畫是應急的措施，是要幫過去錯誤的政策補救的措施。但是如果我們能夠有比較遠的眼光，或許我們可以由先進國家對於焚化爐的態度看看焚化爐未來在國內的情形。焚化爐的主要生產國家因為在他們國內銷售情形不佳，不得不要求他們的政府幫廠商想對策。許多國家甚至沒有垃圾需要靠焚化爐處理。結果我們卻直嚷著焚化爐是一門高科技，並且強調我們的垃圾問題如果沒有焚化爐就會完蛋的論點。這很可能又是一項錯誤的措施，就像幾年前的外星寶寶一般。等焚化爐的功能過了，各縣市就會有一些像極了外星寶寶的廢棄物佔據著珍貴的土地。

綜合上面論點，廢棄物管理是資源回收再利用的母體。所以過分強調資源回收再利用是一種本末倒置的措施，很可能會再製造一些政策上的問題，只是時間還未到罷了。

第二個破綻是忽略教育內化的作用。其實我甚至認為這是成年人做不到，卻將它以推廣教育模式要求學童進行的一種陰謀。想想看，人的一生除了嬰兒時期因為紙尿片的盛行而產生大量的垃圾以外，其餘的時期所可能產生的垃圾量應該持平，那麼國中學生在資源回收的量方面應該高於國小學童，高中學生更應該領先國中學生；學生一旦進入大專院校，更應該是各級學校學生的楷模。這是因為對於任何一項技能的學習，除了因為老化現象使人有力不從心的感覺以外，技能的表現應該隨著年齡的增長而更顯得精進。就像是一個剛學會騎摩托車的學生，因為技術生疏顯得笨笨的。隨著騎摩托車的年齡增長，技術應該會更加強。換句話說，騎摩托車的這項技術已經內化到學生的心理層面後，技能會隨著年齡的增長而強化。許多技能

性的培訓也有如此的現象，例如樂器的演奏、電腦的使用等等。資源回收既然是生活技能之一，它的實施就應該隨著民眾年齡的成長而強化，才是正向的證據。現實告訴我們這不但沒有發生，而且有相反的現象呈現出來，所以我們應該好好檢討錯在哪裡，再針對錯誤的地方開出診斷書，才能夠在還沒有釀出大災難之前，將過去的錯誤做補救措施。

　　破綻第三點是忽略老師的需求，這是另一個致命傷。既然要在各級學校推動環境教育，老師當然是推動的主要力量。所以若忽略教師的需求，在尚未推動之前已經注定要失敗。這就像是笑話中不知民間疾苦的皇帝要求侍衛讓受苦的民眾吃肉一般的荒唐，不幸卻發生在每一個推廣教育上。幾乎可以說國內在政策上無法在短期內完成的就化身為某種推廣教育，盼望透過教育過程讓學童從小養成正確的習慣。所以我們見得到交通安全教育（因為交通紊亂）、誠實教育（因為民意代表和官員經常不會兌現諾言）、法治教育（因為議會殿堂亂糟糟、民眾守法精神不夠）、能源教育（國內能源嚴重不足）等等推廣教育，大致上都是目前社會的痛，是成年人欠缺民主法治精神，卻要求國中、小教育要全力推動這些推廣教育。一來忽略了學校的正規教育已經不再是學生的主要學習管道，學生出了校門口的學習可能更加重要。學生放學後的才藝班、安親班，家裡的有線電視所播放不適合學童身心的節目，通常是學生下課時交談的內容；已經逐漸取代學校正規教育的功能。二來，這些無法推動的政策化身為各類推廣教育後，多數沒有考慮教師的基本需求，導致各類推廣教育充斥在各級學校，卻互相爭取有

限的教學時間，最後就以機會教育進行嚴肅的教育問題。

我在想，如果政府夠膽量要求各大專院校的教授們執行這些推廣教育時，將會是一個什麼樣的情形？大專院校的教授們主要的工作或許是研究、教學、推廣服務，端看他們服務的是哪一類型的學校。所以國科會要推動各項研究計畫時，也不敢要求所有的大專院校教授每年必須執行一個研究。教育部也是希望各個學校有興趣的教授提出相關的推廣計畫。

既然如此，我們就得看看各級學校教師的需求是什麼，然後盡可能將各類推廣教育配合他們的需求，才能在教師的主動要求下落實政策。當我們仔細分析國小教師的需求時，將不難發現額外的行政工作經常是他們的痛處。教育相關單位不去思考解決教師兼任行政工作的痛苦，反過來要求各個師範院校開設學校行政的課程，這也是本末倒置的做法。不少師院畢業的學生在國小工作一段時間後，回來述說他們的兼任職務時（例如福利社老闆、會計、總務等等）的辛酸苦辣，正是這一措施的反映，也是迫使一些老師不願意繼續在國小服務的主要阻力。如果國小的人事、會計、總務等主管能由專業人士擔任（或是幾所小學所組成的學區共同分擔），不只可以減少教師在「與教育無關的工作」上的負擔，更可以讓這些工作因為專業人士處理而更加有效率。完全的落實甚至可以讓國小的人事費用降低，卻因為它的實施使得一些人士失去工作機會而爆發肢體抗爭。有時候想一想一些迷你小學的人員編組，何必一定要每個學校都有校長、主任，難道不能幾個學校共用同一個校長、主任，用分校的方式對待每個學校？幼教工作者的教學和

行政負擔通常不比國小教師少，所以也會有類似的感受。

除掉國小教師的兼任行政工作外，老師相當在意的就是教學進度，以及教師的不受重視。教學進度這一項無形的壓力，的確讓許多教師在實際教學時犧牲學生對於課文的實際理解程度，只希望能趕得上學校的統一進度；這一點在大型學校更加明顯，傷害程度也更大。偏偏「進度」這個話題又是每位國小教師相當在意的。這又牽涉到一個教育的基本問題：為何我們總是假設學生因為年齡相彷彿，就得讓他們學到一模一樣的知識？然後在定期評量時，又假設學生的學習必須符合標準曲線的分布？這不是互相矛盾的假設嗎？原本評量的目的是要協助老師找出學生學習上的困擾，再針對這些困擾加以協助。所以老師在定期評量時的角色應該是協助者，甚至可以由學生在定期評量上的表現，找出教師教學時的盲點才對。很可惜的是，各級學校的定期評量早已變成學生學習上的努力（或稱之為學習能力）指標。定期評量時學生如果表現不好，不是因為學生聽不懂教師的教學，而是學生不肯努力。既然學生不肯努力學習，做老師的人當然在「師不嚴不成器」的觀念下，處罰學生的不努力。這簡直是將老師當成學習的主角，學生反而成為教師教學能力的指標。它的實施不知已經剝奪走多少學子的學習權利，卻沒有讓老師了解到他們在教學時的角色。對於定期評量學生的學習，我認為就像是釀一壺酒，卻經常掀開蓋子看酒是否釀好了，結果呢？你知道！

幸好每個學校都還有許多有教學良心的教師。但是在「師資反淘汰」的威脅下，多數具有教學良心的教師反而被其他老

師視爲「壞榜樣」。爲了凸顯自己在教學上的能力比其他教師強，不少老師不得不強將「學習賀爾蒙」灌注到學生身上。所以我們經常見到有經驗的教師在定期評量之前，幫學生做「考前複習」。有機會翻開這些考前複習卷時，將不難發現這些複習卷和正式的考卷之間雷同的地方相當多。說得更實在一點，考前複習是教師和學生演出的「史上最大的作弊」。

這樣的現象其實說明一點，教師經常感受環境因素所帶來的壓力，如果不和其他老師一樣就是錯誤。但是不妨讓我們看看醫生的門診，對於每個病人所帶來的病情，醫生因爲個人的專業可以開出不同的處方。影響處方的因素有醫生對於藥物的了解程度、藥品取得是否容易、藥品是否便宜、醫生對於病人病情的實際了解程度等等。所以若是有個病人生病時去幾個診所看病，很可能他將會獲得幾個完全不一樣的處方。這個情形對於多數人而言並不陌生，甚至會認爲那是醫生的專業判斷。類似的專業判斷和專業能力也可以展現在汽、機車修理，律師執業，廚師廚藝，或是其他行業上。顯然，一個專業人士的判斷會受到其他人士的重視。相對於此，教師在診斷出學生的學習困擾時，可能認爲某個學生在某個科目的學習上有困難，卻不能依自己的專業判斷提供這樣的學生在學習上的服務。

將自己視爲專業或許是教師在教學上所必須有的自信。這樣的專業將不是對於學科知識的深入理解，而是將自己看成協助學生成長的輔助人員。這樣的觀念改變在這即將進入二十一世紀時更加顯得重要，因爲傳統知識的存取，已經隨著資訊科學的進步，而顯得不是那麼重要了。相對於這項重要的傳統教

學需求，協助學生找尋相關的資訊就顯得比較重要。至少因為電腦科技的發展，老師如果還深信傳統課本上的知識灌輸非常重要，他們的教學工作應該會在未來幾年被電腦相關行業取代。試著想一想，當每個學生可以擁有自己的電腦（甚至連接到網際網路上），加上一個學期的課程光碟，學生可以控制自己的學習進度；不甚理解的內容只要再點一下滑鼠，就可以清晰地再學一次。定期評量之前，還可以將過去幾十年的考試內容在電腦上清晰看到，再透過電腦考試複習的效果，絕對比目前的教學效果好。至於這樣的教學在成本上更是可以節省經費，不必支付教師的鐘點費用和退休費用。對這構想有興趣的你，可以到 pathfinder.ntntc.edu.tw 去看看，它已在台南師院出現了！

　　針對上面的論點，我們可以很清楚地了解到在未來資訊科技時代，老師的角色絕對要改變為協助學生學習的那些人。老師的教學能力也將由他們每年協助學生展現最高的學習能力來判斷。所以我在這裡要提醒環境教育工作者，將國小教師視為專業人員是我們必須有的共識。然後再去思考，環境教育的推動如何能夠幫助這群專業人員達成他們的教學工作。

　　很高興九年一貫的課程是希望能夠讓國中、小教師執行自編的課程。這是教師專業的初期方式，或許未來我們可以見到教育部只規畫學生到各年齡層所必須學習的知識概念、生活技能、與人相處的情境規畫，然後放手讓老師依據自己的專業去實施教學工作（澳洲在全國課程規畫之前，就是以類似的方式進行教學工作）。因為我很難想像衛生署要求全國的醫生要有

一致性的診斷以及處理方式；或是要求餐飲業提供一樣的菜色。教師也應該具備他們的專業，然後去享受一般民眾對於他們的尊重。

當老師的專業開始受到應該有的尊重後，他們在規畫自己的課程內容時，很可能因爲長久以來在這方面的能力被剝削而短暫消失能力，環境教育就可以有機會光明正大地進入學校教育。當然環境教育在那個時刻絕對不能用矮化的方式進入學校，而是要以新的面貌進行。這個新的面貌是將環境教育重新定義爲：

「運用周遭環境因素進行課程統整的教學模式。」

這樣的定義可以由環境教育和純粹教育的觀點兩方面加以分析如下：就環境教育的觀點而言，以往所強調的「Think Globally, Act Locally」雖然有它的時代意義，卻經常被引用到遙遠地區環保問題的探討。所以早期所強調的熱帶雨林消失（發生在南美洲亞馬遜河流域，每分鐘以兩個美式足球場的速度燃燒，造成嚴重的溫室效應，導致氣候變化無常；或是發生在東南亞地區的霾害等等），或是臭氧層破洞（主要發生在南極大陸上空，因爲氟氯碳化物的影響破壞臭氧層，導致紫外線大量入侵地球表面，將會使得南極地區海域的生態受到嚴重影響，和增加皮膚癌、白內障的受害人數）。這些遙遠的環境問題常常因爲學童見不到他們的行動所帶來的正面影響，導致環境教育推動後，許多人對於環境問題的無力感更加強烈。所以漸漸

地，我們見到幾個結合全球學童一起推動的「在地化」環境教育活動，例如全球河川環境教育網路（Global River Environmental Education Network，縮寫為GREEN），和全球環境學習網路（一個由現任美國副總統高爾先生所推動的環境監控學習網路，Global Learning and Observations to Benefit the Environment，縮寫為GLOBE）。這兩個環境教育活動都是強調學童在自己生長的地方對周遭環境實地探討環境品質的改變。這兩個環境教育活動都是強調學童學習時的參與和隨著主動參與所帶來的有力感（empowerment）。這兩個活動都透過網際網路的聯絡，讓世界各地參與計畫的學童將實驗的資料輸入電腦，一方面達到資料分享的目的，一方面增強學童的有力感。如果更進一步推動這兩個環境教育活動，當然就該將學生生活周遭環境的監控資料當成學生學習的主題。所以就環境教育的觀點分析，運用周遭環境，協助學生主動學習，並與世界各地的學童分享正是環境教育的最新趨勢，也就是澳洲環境教育學者John Fien 為聯合國教科文組織所倡導的永續教育（Environmental education for sustainable development）（Connect, 1997）。

在純教育觀點方面，正是學校教師最重視的一點。過去的課程讓學生有一種嚴重的疏離感，就連國小的自然課，也常有人批評是「最不自然的自然科」，就可以了解過去學校課程和學生之間的距離有多麼遙遠。其實那套課程有它的時代意義，主要是模仿自美國的SCISS，和一些源自六十年代的美國課程。當年的美國和前蘇聯還是互相對立的世界兩強，偏偏蘇聯先發射無人太空船到月球探險，美國政府害怕會被蘇聯牽著鼻子

走,採取的方式是要在最短的時間內追上蘇聯的科技,所以當時的課程是要找出最適合學習科學的學生,並且在最短的時間內加以訓練,使其成為傑出的科學家。至於那些不適合當科學家的學生的學習權益,當然在國家前途為重的先決條件下被犧牲了。這也符合工業時代的要求,少數菁英分子和一大堆能力不是很強的工人,才能配合類似福特汽車公司所需求的生產線功能。

　　少數的菁英分子在那樣的教育方式下,因為他們正好可以用最抽象的方式學習,所以可以吸收抽象的學習內容而不覺得辛苦。相對於這群菁英分子,多數學生對於抽象的內容排斥,就被標籤為不適合學習的那一群「壞孩子」。但是所有的教育理念都指出,學習應該由具體到抽象、應該由近而遠、由熟悉到陌生,才是好的教育模式。將教育內容過度抽象化其實是在剝奪學生學習的權益,所以正確的教育應該回歸具體的內容、熟悉的環境。這也是「運用周遭環境因子進行統整教學」的訴求。

　　近來在腦部科學方面的研究也指出,「在學習時,人類的腦部不斷在找尋相關性」,也只有在這樣的條件下(任何新的學習都和既有的知識相關聯),學生的學習才會存放在「長久記憶區」,學習才會有意義。國內的教育制度長久以來受到聯考的壓迫,表面上是一種公平、公開的做法,實際上卻是公開實施篩選學生的一種淘汰工作:教育是要淘汰不合適學習的學生的一種過程。由歷屆聯考的統計數字不難發現,各縣市的高中聯考錄取率平均大約為百分之三十,大專聯考錄取率近年來

大致在百分之六十上下；換句話說，一百個國小學生經過兩個
聯考後能夠在大專聯考生存的只剩下十八個。這樣的教育制度
強調少數（一百個學生中的十八個）學生的學習，卻因為過去
這些菁英學生的聰明才智比較高，而被大眾認為是應該的措
施。但是忽略絕大多數學生的教育制度絕對是不應該的，它忽
略了這些學生的受教權（教育投資只供給極少數學生的需
求），也很可能是近年來許多社會問題的來源。（不是每個社
會問題都被認為是教育出了問題嗎？）

　　另一方面，在多元智慧上的研究也指出，「人類的智慧不
是單純傳統上所強調的語言表達和數學邏輯兩大項」。學生在
其他方面的智慧也應該在教育過程當中加以強化。這些智慧除
了上述兩項以外，至少還包括：內省智慧、人際關係智慧、肢
體運動智慧、空間概念智慧、音樂智慧，和自然觀察的智慧
（請參見 Howard Gardner 在多元智慧上的研究）。可惜，不管
是在國內或是國外，多元智慧的研究成果經常變為教師評量學
生學習能力的一項負擔，而不是讓它成為學生學習的輔助工具
（請參見 Thomas Armstrong 的《經營多元智慧》）。多元智慧
的研究成果反而經常成為學生學習上的另一項負擔（例如一個
音樂智慧較弱的學生因為老師評量上的需求，而必須將音樂智
慧表現超過某一水準）。

　　最後，但絕不是最不重要的一點是「社會上各界實際工作
時所需要的訓練，絕不是來自於單一科目的訓練」，也就是出
了社會後的實際工作，必須結合來自於許多領域的訓練才能完
成。偏偏目前在各級學校的訓練是分科教學的，似乎分科教學

是理所當然的。其實分科教學最早的學理依據，是讓學生在各科的學習能夠結合起來爲一完整的訓練，但是在長久分科教學後的結果，是各科的本位主義已經讓各科的學習支離破碎，學生對於學校的學習就像是要將幾千片的拼圖拼在一起一樣的困難：不是不能完成，而是只有少數適合拼圖的學生可以完成，其他大部分學生的學習因此而犧牲。

　　分科教學的結果因爲強調的是本位主義（也就是該科的學習），而不是該科和其他科目的連結，經常造成學習上的例行練習（routine drilling）代替有意義的學習（meaningful learning）。最近雖然有建構教學的現象，卻因爲分科教學的需求而讓建構教學有一種殘缺的感覺。舉例來說，我們見到數學概念的建構，所以有像台大的校園數學步道的設計。它是利用台大校園，特別是椰林大道設計靈活的數學學習單。不過，既然是在台大引以爲傲的椰林大道，就應該充分運用戶外豐富的教學資源設計統整的教學模式，而不是因爲原設計者是數學系教授，因應他們的專業而設計殘缺的學習步道。

　　可以這麼說，我們每個人隨時都在建構自己的知識和技能。不過因爲長久以來國人習慣將學習這個動作和正規教育畫上等號，一旦離開學校的管制，就不再辛苦地學習，當然就不再建構自我的成長。近來的資訊爆炸已經讓終身學習成爲不可或缺的能力，也就是說，正規教育只是所有民眾對於教育認識的開端，隨後的學習更加重要。這一點也正好符合一個教育理念：「如果教育不是要讓學生學習創意，只是要模仿過去已有的知識和技能，就不必有教育改革了」。

　　綜合以上各項相關的理念，我們不得不懷疑傳統的教育是要將充滿創意的學生訓練成木頭人，或是要讓學生發揮他們的創意，開創前所未有的理想生活？這一點又和幼教界的教學有密切的關係，國內的教育改革最前衛的應該就是幼教界了。師大附幼的萌發式教學、佳美和新佳美幼兒園的學習角落、南海學園的「一個成為人的教育」等等，都說明了這些開放的教育理念都先在幼教界實施。當學生進了國民小學後，師長好像就認為他們已經準備好任何形式的打擊，一切玩樂的事情已經遠離；至於國中和高中生更是只有認真讀書才是好學生。所以我們的學生在還不懂事的學齡前學習還有一點點的趣味，但是他們比較懂事後的十二年（國小六年、國中三年、高中再加三年），實際上都只在師長的期望下學習當個好學生，卻幾乎沒有為他們自己活過。難怪現在社會上因為青少年所引發的社會問題越來越多，特別是現在的青少年在生理上的成長遠超過他們在心理上的成長，他們經常因為心理的發展無法配合生理的需求，才可能有這種反社會的現象產生。

　　一個沒有享受過學習樂趣的學生，實在很難想像教育學理上所提的「快樂學習」這樣的理念。每一科的學習都很類似，理解是奢望，生吞活剝才是正常。我們實在很難想像學生能夠在這樣痛苦的學習下活過一天，還能談什麼學習效果？

　　這一切的錯誤其實就像前面所提到的，是肇因於冷戰期間兩大強國為了避免落於另一國之後所展開的菁英主義：少數極端菁英分子的培訓優於大多數民眾的學習權益，否則被另一國家統治就不用提任何形式的教育自主了。如果要糾正目前的教

育，就可以參考一些比較具有歷史性的教育模式，例如杜威所倡導的「教育即生長，教育即生活」。然而目前的教育內容已經和日常生活有相當的距離。要讓學習和日常生活相關就必須讓學習和一般人的日常生活有關聯，也就是要有相當部分的教學是必須以統整的、具體的方式呈現給學生。

具體的學習和抽象、遙遠的學習是相對的。要具體教學就要採用學生生活周遭的環境當成教學的主軸，由校園、到附近的社區、才到學校所處的縣市或是鄉鎮。這一點正符合「運用周遭環境因素進行課程統整的教學模式」的理念，也是環境教育能夠協助老師進行更妥當的教育之處：它具有具體的好處，同時兼具它另一個特色：環境教育具有跨課程的特色。因為這兩項特色，環境教育在新的外衣之下，正具備國內最需要的教育改革項目。

以幼兒教育的目標而言，如果我們以認識植物這一項目為主題進行教學，由一位暑期進修部的學生的作品可以感受到環境教育的功能如下。這位學生將「認識植物」這一主題以幼教界的六大領域區分為常識、工作、音樂、健康、語文和遊戲；每一個領域再區分為三至八個教學單元（例如常識這一領域再分為以下八個單元：(1)展示有毒的校園植物與討論，(2)放大鏡觀察根、莖、花、葉、豆、果，(3)莖部吸水實驗與觀察，(4)根向地性實驗與觀察，(5)測量發芽生長，(6)向陽性的植物生長觀察與實驗，(7)蔬果指示劑的實驗與觀察，(8)和對人類的功用），其他領域有類似的分法。雖說這樣的分法可能不是最理想的，卻是幼兒園老師可以自我發展出來的（可以參考 Sylvia

C. Chard 所寫的《進入方案教學的世界》）。如果這樣的方案教學進行一段時間後，接著和幼兒談論到附近菜市場、超級市場或是農會的可行性，就可以在「認識植物」這一方案要結束時，順利進行「認識社區」這樣的單元，或是探討從學校到附近社區所必須有的交通工具和一般常見的交通工具。以上是結合方案教學和萌發式教學模式的舉例，老師們當然可以類推出許許多多的教案。

　　在進行這一類的教學活動時，必須特別注意的是教學的重點。幼教界盛行兩種相衝突的說法：

　　「等到幼兒園才學習就太晚了！」

　　「我一輩子該學的都在幼兒園學過了！」

　　其實這兩種論點並沒有相衝突。幼兒從出生就開始不斷地向外求取學習的機會，所以學習的重點在於佈置豐富的教學情境，刺激幼兒的學習興趣（這正好和一般的中、小學教室內乏善可陳相異）。第二個論點是因為許多老師在幼兒園時已經將許多知識告知幼兒，使得學童在進入中、小學時有一種似曾相識的感受。顯然，**不要教什麼內容比必須教什麼來得重要！**

　　國內許多推動校園步道的學者所發展出來的學習單，仍以認知的知識學習為主，這些措施的依據是要符合課程的需求。但是這樣的措施已經讓學習單變為「不必評量的開放考卷」一般，是老師和學生都知道的一種非正式學習。其實在校園內所進行的校園步道，因為它的豐富教學資源情境，強調認知的教學是非常浪費的。若能強調情意教學，讓學生去感受水泥叢林中還留存一些感性的美感，才是幼教領域進行環境教育的重

點。我認為國內民眾對於國內的環保措施一直不肯認同，最主要是因為民眾根本不認為這一島嶼還有任何美好的地區，才會去破壞它。所以國外在環境教育強調污染的認識，並不合適於國內的學習。

可以用在情意教學的書籍，在國內已經有張老師出版社的系列圖書，如：《自然的喜悅》、《與孩子分享自然》、《探索大地的心》、《傾聽自然》等書，以及主婦聯盟出版的《自然教室》，太魯閣國家公園管理處的《走向自然》，陽明山國家公園的《陽明山尋覓》等書。這些書都強調情意教學，也指出國內目前最缺乏的 EQ 教學。這更能補足目前國內多數兒童在家中是小霸王，不懂得與人相處之道，更不懂得與周遭環境的動物、植物、礦物相處的缺點。這一類的教學也反映出多元智慧的教學，讓學童能夠各自發揮自己的強勢智慧。

跋

　　當一個刑案發生，刑事警察到了現場之後就必須盡量找尋蛛絲馬跡，例如：血跡、毛髮、指紋，甚至現場留下來的一些物證。如果不幸只能有一項證物，說服力就比較低。但是如果能夠找到許多證據，而且這些證據都指向同一個人時，破案的機率就相對提高許多。這樣的辦案精神很可能對於一個人的生死有很大的影響，所以必須有嚴謹的科學精神。我們甚至還會在這麼嚴謹的辦案之後，發現有些案件在二審時會推翻一審時的決議。想到這麼嚴謹的辦案還可能犯錯，一般的方式當然就比較粗略。

　　這樣的方式也可以應用到教育研究上。過去的教育研究以統計方式進行居多，是由生物統計研究延伸的產物，他們認為教育研究者必須對研究對象保持絕對的客觀才能算是科學的嚴謹態度。這就是生物實驗研究的延伸吧！我們在生物實驗處理研究對象（例如小白鼠或是豌豆）時，就不能因為我們曾經飼養部分研究對象，而對他們有不同的處理方式，否則就不夠客觀。但是當我們在處理教育對象時，如果也將研究對象保持完全的客觀，很可能就是因為我們不了解人不是機器、也不是一般的動物。沒有任何學生應該當作我們的實驗對象，所以也就不該有所謂的對照組和實驗組的學生了。

　　同樣的，我們評量學生的學習也經常反映我們教學時的教

育理念。我們經常採用行為學派的理念，以刺激和反應的模式評量學生的學習。學生在上課時間必須隨時專心聽講，也應該隨時將老師交代的所有作業在最短的時間內完成，否則就是壞學生。但是學生不是機器，他們也會疲倦，也會有陰晴圓缺（心情也會隨時變化）；如果再考慮到多元智慧或是成功智慧的論點，或是學習模式（learning style），和學生不同的前置經驗也有許多差異，統一教學進度就是一項很奇怪的現象。但是學習似乎和學校教育是一個銅板的兩面，學校教育也採用統一的進度進行，結果就是學校教育將學生的個別差異隨著年級的升高而加大（和統一進度的原先旨意正好相反）。大多數的學生也在國中畢業時放棄任何形式的正規學習。但是在這個即將邁入下個世紀的時刻，「學習如何學習」應該是最重要的學習項目，評量當然也就必須隨之調整。老師如何面對這樣的變化呢？

前陣子和瑞柑國小的林校長合作課程地圖的推動，閱讀到一篇「什麼都想教，最後徒勞無功的現象」，也說明了學習技能的學習比學科知識的學習還要重要的觀點（The futility of trying to teach everything of importance；Wiggins, 1989）。這也反映著「教得少，學得多」的教育理念。

行動研究是這個變化下的產物，老師可以透過行動研究加強自己的教學專業能力，特別是教導學生如何學習的能力。但是行動研究在過去被統計研究的專家批評的就是它不夠客觀，經常只是行動研究者的個人呢喃。為了克服這樣的主觀意見，行動研究有了相對的措施：利用三角檢核互相牽制任何一角的

意見。三角檢核通常指的是研究者本人的意見、學生的作業，以及另外一位同事的觀察。但是在現實的國小教學上很難找到同事協助長期的觀察，所以如果能夠有不同的工具，將會加快老師進行行動研究的可行性。目前已經可以考慮的至少有電子郵件的溝通、電子看板（討論群）、BBS、錄影帶觀察、上課部分錄音等等。這些都是老師可以考慮的觀察工具。

但是如果要求老師一開始作行動研究就要有專業的行動研究者一般的功力，相信只會讓老師不願意嘗試。一般而言，我和老師溝通的是，先用各種方式記錄下來，等到自己已經成熟了，願意和大家分享，再去研究更專業的行動研究報告撰寫方式還來得及。

當我們有成千上萬個教師都進行行動研究之後，除了可以深度探討老師們的教學現況以外，還可以做後設分析（meta-analysis），作類似統計分析的研究，到時候是否能找出新的教育理念就值得探討了。

建議書單

我的讀後感想

中文部分

　　田耐青，1999，《多元智慧理論：學習可以是快樂、成功的》。台北：世紀領袖教育研究發展中心。這是我參與多元智慧專案的首領，田耐青教授，針對三到八歲幼兒家長所寫的多元智慧專書。淺顯易懂，但是很可能因為田教授的強勢智慧是在語文表達方面，所以在這一方面的著墨也比較多；相對的，在其他智慧領域方面就還可以再加入那些智慧領域專業人士的論點，就會讓整本書有更高的可讀性。

　　曾慧佳，1998，《由流行歌曲看台灣社會，台北：桂冠圖書股份有限公司。它探討過去這五十年之間在台灣地區流行的主流音樂和社會文化之間的互動。作者蒐集了相當多的資料佐證流行音樂可以反映社會現象，甚至進而影響社會主流觀念。可惜因為國內早期在流行音樂的排行榜方面沒有公認的權威，早期的台語歌曲也常受到壓抑，是美中不足的地方，但不是作

者的個人缺失，而是歷史的缺失。

　　周昌弘、蕭新煌、郭允文、王鑫、於幼華、黃榮村、楊冠政、黃政傑、晏涵文，1991，〈我國環境教育概念綱領草案〉，於周昌弘編之《台灣環境教育研究：中華民國第一屆環境教育學術研討會》。台北：中央研究院植物研究所。這篇草案影響國內在過去將近十年的環境教育走向，是許多環境教育研究的根本依據。主要是依據美國歐爾曼先生的觀點延伸出來的文章。可惜這幾年因為資訊世界的快速來臨所帶來許多對學習上的影響是 1969 年歐爾曼沒有見過的現象，所以缺少這類的文獻。另一方面，這篇文章主要是以「學習有關環境的知識」（Learning about the environment）為主，是一些知識性的探討，缺少環境教育中相當重要的價值觀改變，所以這幾年比較被國內學者忽略。

　　游乾桂，民 86，《尋找田園小學：創造兒童教育的魅力》。台北：張老師文化。這是台北縣開放教育開始實施時不錯的書籍。作者提到許多父母親為了兒女的未來，卻忽略了這些小朋友的「現在、當下」，所以幾乎幫小朋友安排了非常充實的學習，卻讓兒童越來越排斥學習。作者呼籲家長需要讓兒童有自己的成長空間。這個論點就是「少即是多」的另類說法。

　　李平譯，洪蘭審訂，1997，《經營多元智慧：開展以學生為中心的教學》。台北：遠流出版公司。翻譯自 Armstrong, T., 1994, *Multiple Intelligences in the Classroom*。這是我個人接觸多元智慧論的第一本書籍，也是一本淺顯易讀的書籍。多元智慧

在教室實施的時候，對於多數老師而言，總會有意外的教室經營問題，作者提出他個人的建議。是一本可以讓國中小教師閱讀的書籍。

丁凡譯，1998，《因才施教》。台北：遠流出版公司。翻譯自 Armstrong, T. 1987. *In Their Own Way*。這是《經營多元智慧》作者的另一本書籍。作者強調適性教學的重要性，可以說是《經營多元智慧》的姐妹作。

陳瓊森、汪益譯，1998，《超越教化的心靈》。台北：遠流出版公司。翻譯自 Gardner, H., *Unschooled Minds*。這是迦納博士關於多元智慧的第一本書，但是在文字上卻比較艱深難讀。對於從事探討多元智慧相關研究的研究生而言，幾乎是一本必讀的書籍，但是卻不太適合一般老師的閱讀。

丁凡譯，1998，《瑟谷傳奇》。台北：遠流出版公司。當我閱讀完這本書之後，相當意外瑟谷小學竟然就在美國的麻州境內，也就是我深造的地方。我只能感嘆國內這幾年的開放速度和資訊爆炸的快速。如果我在求學期間就有這樣的書籍出版，我想我的求學會更加多采多姿。其實，瑟谷小學可以說是美國境內的夏山學校或是緒川學校，都強調學生自主學習的權益。書中有一部分內容讓我感受很深：教科書是編給那些最不願意讀書的學生，也是人們最不願意閱讀的書籍。這個論點確實讓我重新思考義務教育的教科書編輯問題，甚至義務教育的根本問題。如果搭配李雅卿所寫的《成長戰爭》，兩個小朋友所說的「如果一個國家的義務教育辦得好，學生接受義務教育是一件好事情；如果義務教育沒辦好卻要學生接受義務教育，

則是一件奇怪的現象」，將會改變不少人對於義務教育的觀點。

　　廖鳳瑞，民86，《開放的足跡》。中和市：光佑文化出版公司。這是台灣師大附幼全園的老師為了讓學生有一個全面開放的學習環境，並且嘗試改變老師的角色所合力撰寫的書籍。廖園長和全體老師嘗試採用所謂萌發式教學方式，讓學生挑選學習的主題，甚至是學習時間的長短，都讓義務教育有許多可以學習的地方。我讀了這本書之後的最大感受，倒不是師大附幼的教學法，而是幼稚園目前還未有課程綱領，所以能夠各自發揮；但是義務教育階段的老師卻常常因為教科書的限制而喪失創意。這讓我聯想到教育部為了顧慮到全體小學生的學習所規畫的課程架構，到底是限制義務教育的發展，或是協助學生的學習呢？

　　蕭志強譯，劉玉燕審訂，民84，《創造活動與兒童：御茶水女子大學附屬小學主題教學課程》。中和市：光佑文化出版公司。這本書是我五年前閱讀的開放教育圖書，描述日本一個學校的老師為了協助學生學習，而採用主題學習方式進行教學。這個學校也是國內許多教育改革者到日本時的主要參觀學校之一。很可惜國內去參觀的朋友多數只見到這所學校的硬體設施，卻很少對於該校在教師成長上的投資。

　　洪蘭譯，1999，《活用智慧：超越 IQ 的心智訓練》。台北：遠流出版公司。翻譯自 Sternberg, R. J. 1986, *Intelligence Applied*。這是我在八十七年底參加台灣師大特殊教育系主辦的一場研討會所接觸的書籍。當我面對作者談到他小學時因為老

師的缺失，被安排到學習障礙班學習，後來有一位老師發現這項錯誤，即時更正錯誤之後，給作者帶來不錯的教育觀點。但是到了大學之後，又讓作者開始思考傳統智商測試實施的缺失，並且研發出一套補充傳統智商測試的論點。作者能夠這麼正面地面對自己的過去，並且以「我」取代傳統書寫方式中的「研究者」或是「筆者」的稱呼，也讓我仔細思考一般學術性論文無法滿足民眾閱讀需求的現象，其實是這些文章裡加入太多學術專業術語，嚇跑讀者吧！

石滋宜，1998，《學習革命：石滋宜觀點》。台北：天下文化出版公司。石滋宜博士在這一本書當中描述許多教育界視為理所當然的假設，但卻缺少其他領域的認同。建立立即回饋系統就是石博士向企業界學到的觀點，讓未來的老師不必再等待四年之後，才發現他們學習的準備還需要加強哪些項目。

天下編輯，1999，《海闊天空：教育的美麗新世界》。台北：天下文化出版公司。這是《天下雜誌》接著一九九六年的《希望工程師》之後的另一本書籍。當一九九六年第一次發表國內民間對於教育的總體檢後，立即成為關心教育的民眾的重要依據，當年的那一期《天下雜誌》也分別編成四本書籍。一九九八年十一月的《天下雜誌》也讓我們檢視經過這幾年的奮鬥之後，還有哪些可以繼續加強的地方。

丁凡譯，1998，《多感官學習：克服學習困難的教學原則與運用》。台北：遠流出版公司。翻譯自 Olivier, C., and Bowler, R. F., 1996, *Learning to Learn*。當我第一次閱讀這本書的時候，我對於作者將學習障礙（learning difficulty）改為學習差異

（learning difference）的用心感到震撼。作者提到當一個肢體殘障的學生在學習體育項目的時候，老師會特別體諒這些學生的學習差異，對於視障的學生也有類似的關懷；但是對於學生學習模式和老師學習模式不相同時，卻沒有相同的體諒，才會造成許多學生的學習障礙。當我閱讀完這本書籍之後，立刻透過網路向作者說明我對於這本書的觀點，更意外地接獲作者的立即回應和一本簽名的作者原書。這真是讓人感動。

蕭昭君譯，牟中原審訂，1997，《全是贏家的學校：借鏡美國教改藍圖》。台北：天下文化出版公司。翻譯自 Wilson, K. G., and Daviss, B., 1994，*Redesigning Education*。這本書曾經獲得連副總統的推薦，書中提到一些可以讓老師和學生同時是贏家的教育措施。但是我倒是對於書中所提的「閱讀復甦」在語言科教學上的應用有更多的感受。後來在一場和國小英語教學相關的教育論壇上，聽到母語教育的論點和閱讀復甦其實是相同的以後，讓我開始思考語言教學時的建構方式，是一本不錯的參考書籍。

尹萍，1996，《出走紐西蘭：一個母親的教育實驗》。台北：天下文化出版公司。這本書提到一位母親在孩子面對聯考的無奈，又不願意讓她的孩子成為第二個拒絕聯考的孩子時，所採取的大膽嘗試，她帶著兩個小孩出走紐西蘭。到了紐西蘭後卻沒有太多適應的問題，而且小孩子在一段時間之後，竟然由原本在國內是數學問題小孩成為紐西蘭的數學權威。或許不少人會認為國內的數學教育很棒，紐西蘭當然跟不上我們的程度，我倒認為這是「井底之蛙」的見識，不要太過於自信。作

者提出「紐西蘭的學校校長每一天在校門口詢問:『Are you happy today？』是不是小孩子自信心建立之後才產生學習原動力的觀點,雖然沒有十足的實驗證據,但是我倒覺得沒有任何一位小朋友應該接受大人所安排的實驗,特別是那些有對照組和實驗組的教育實驗。

陳淑玲,1996,《小女遊學英倫:教育體制外的一扇窗》。台北:天下文化出版公司。對我來說,這是另一本《出走紐西蘭》。但是書中提供英國的教育體制讓我們有更多的見識。另外一本書是李雅卿帶著小朋友到德國一年的教育體驗,都是不錯的書籍。這些書的共同點就是淺顯易讀,是一般家長可以閱讀的書籍。

王淑芬、劉宗慧,民86,《我是白癡》。台北:民生報。在一次意外的機會,我在書局買了這本書之後沒幾天,正好有些學生到附近的學校實習回來,有幾位學生向我反映他們實習的學校有幾位白癡學生。他們很不喜歡小學生隨便稱呼那樣的學生為白癡,卻又不知道要如何處理小朋友的問題,這本書的適時出現給了他們許多點子,也讓我重新考慮特殊教育中的學障問題。

天下編輯,1997,《參與的年代》。台北:天下文化出版公司。這本書和教育改革似乎無關,但是書中卻提到許多為了美好的台灣而奮鬥的民眾;他們都是市井小民,卻不在乎人們對他們的觀點。我是在這樣的情境下,開始要求選修我的課程的學生必須參與社會服務,特別是到一些弱勢團體服務。

陳淑惠譯,1996,《她只是個孩子》。台北:新禾文化。

翻譯自 Hayden, T. L. *One Child*。這本書曾經讓許多學生流下寶貴的淚水。它描述一位智商極高的小女孩，因為父母親分開，每天遭受酗酒的父親的謾罵，而成為一個學校標籤為學障的學生。它讓我了解到要讓學生變笨遠比要讓學生變聰明還要簡單。也讓我聯想到：「老師是不是一個罵人還可以賺錢的行業？」

黃武雄、曹俊彥，民84，《木匠的兒子：奧妙的知識》。台北：民生報。這本書是黃武雄教授希望能夠透過建構教學方式讓兒童學習數學的嘗試，最近還有《數學年夜飯》（黃敏晃，民87，心理出版社）和《另類數學教學》（林文生、鄔瑞香，民88，心理出版社）兩本書，都是老師可以參考的書籍。

黃武雄，1997，《台灣教育的重建：面對當前教育的結構性問題》。台北：遠流出版公司。黃武雄教授提到國內教育改革面對最大的問題就是「師資反淘汰」現象。他也提到小孩子不是成年人縮影，也不是採用兒語化教學就可以將高深的學問教會小朋友的。

黑幼龍，1997，《發現溝通契機：卡內基與黑幼龍的雙贏之旅》。台北：龍齡出版公司。卡內基溝通術強調恢復學員的自信心，這不就是教育界要先採用的方式嗎？

呂理州譯，《逃學的孩子不一定壞》。台北：商智文化。翻譯自北澤康吉、北澤美裟子原著《逃學的孩子不一定壞》。這本書說明小朋友面對「壞」老師時所採取的「消極、正確」的措施。如果和另一本《代做功課股份有限公司》一起閱讀，更會讓我們發現原來小朋友的智慧有時是老師無法體會，最後讓這些學生變壞的。

　　夏林清等譯，1998，《行動研究方法導論：教師動手作研究》。台北：遠流出版公司。翻譯自 Altrichter, H., Posch, P., and Somekh, B., 1993, *Teachers Investigate Their Work*。由多元智慧的工作坊，我找到這本書籍，是老師們學習在課堂上採用行動研究的好工具。

英文部分

　　Cornell, J. 1989, *Sharing the Joy of Nature：Nature Activities for All Ages.* Nevada, California: Dawn Publication.

　　這本書是 Cornell 先生爲了協助老師指導學生「向大自然學習」的一本淺顯易讀書籍，國內也已經翻譯成爲《自然的喜悅》。對於希望能夠帶學生到戶外教學的老師而言，這本書可以算是一本入門書。

　　Glatthorn, A. A. edited, 1995, *Content of the Curriculum.* Alexandria, Virginia: Association for Supervision and Curriculum Development.

　　課程到底是什麼？這本書提到美國的課程構想，當我們正在面對九年一貫課程的時刻，有這個資料是不錯的。

　　Loucks-Horsley, S., Kapitan, R., Carlson, M. D., Kuerbis, P. J., Clark, R. C., Melle, G. M., Sachse, T. P., Walton, E., 1990, *Elementary School Science for the '90s.* Alexandria, Virginia: Association for Supervision and Curriculum Development.

　　美國國小科學教育是不是值得我們學習？國小的科學教育

重點應該擺在哪裡？一九九〇年的這本書雖然已經算是老舊資料，卻反映著他們的成長。

Collinson, Vivienne, 1999, "Redefining Teacher Excellence", *Theory into Practice,* volume 38, no. 1, winter.

這篇文章讓我感受到開始有學者思考國小教師的專業素養研究。文中提到老師的專業可以區分為三項：學科方面的專業知識、與人相處的知識和多元的教學方式。這個論點至少可以證明學科的專業知識不是決定老師好壞的唯一標準。

網際網路資料：（行動研究相關網站）

http://www.mbnet.mb.ca/~sevenoak/ttt/main.htm/

http://www.bath.ac.uk/~edsajw

http://ireland.iol.ie/~rayo/

在網路盛行的今日，透過網路向有經驗的學者專家請益，已經讓學習變成一種學習者可以主控的學習方式。我自己剛開始和學生在下課後繼續溝通意見，主要是由本校田耐青教授那邊感受到網路的利用可以破除上下課時間限制，而她的觀念則來自於台灣大學洪明洲教授。當我學會網路的溝通技術後，一方面用它來增加師生之間的互動，一方面透過網路學習更新的技能和知識，行動研究就是其中之一。參與行動研究的網路論壇對於我的學習真是有實質的幫助。所以我也建議有志於行動研究的朋友能夠一起來線上討論。這三個網站是我參與行動研究討論群的網站，網友所提供的資訊經常是能夠立即解決當下問題的資訊，而不是要經過我自己消化的。國內的相關網站可以參考田耐青教授和洪明洲教授的網站。

參考文獻

中文部分

丁凡譯，1998，《因才施教》。台北：遠流出版公司。翻譯自 Armstrong, T. 1987. *In Their Own Way*。

丁凡譯，1998，《多感官學習：克服學習困難的教學原則與運用》。台北：遠流出版公司。翻譯自 Olivier, C., and Bowler, R. F., 1996, *Learning to Learn*。

丁凡譯，1998，《瑟谷傳奇》。台北：遠流出版公司。

尹萍，1996，《出走紐西蘭：一個母親的教育實驗》。台北：天下文化出版公司。

天下編輯，1997，《參與的年代》。台北：天下文化出版公司。

天下編輯，1999，《海闊天空：教育的美麗新世界》。台北：天下文化出版公司。

王淑芬、劉宗慧，民86，《我是白癡》。台北：民生報。

田耐青，1999，《多元智慧理論：學習可以是快樂、成功的》。台北：世紀領袖教育研究發展中心。

石滋宜，1998，《學習革命：石滋宜觀點》。台北：天下文化

出版公司。

呂理州譯，《逃學的孩子不一定壞》。台北：商智文化。翻譯
　　自北澤康吉、北澤美裟子原著《逃學的孩子不一定壞》。

李平譯，洪蘭審訂，1997，《經營多元智慧：開展以學生為中
　　心的教學》。台北：遠流出版公司。翻譯自 Armstrong, T.,
　　1994，*Multiple Intelligences in the Classroom*。

周昌弘、蕭新煌、郭允文、王鑫、於幼華、黃榮村、楊冠政、
　　黃政傑、晏涵文，1991，〈我國環境教育概念綱領草
　　案〉，於周昌弘編之《台灣環境教育研究：中華民國第一
　　屆環境教育學術研討會》。台北：中央研究院植物研究
　　所。

洪蘭譯，1999，《活用智慧：超越IQ的心智訓練》。台北：遠
　　流出版公司。翻譯自 Sternberg, R. J. 1986, *Intelligence
　　Applied*。

夏林清等譯，1998，《行動研究方法導論：教師動手作研
　　究》。台北：遠流出版公司。翻譯自 Altrichter, H., Posch,
　　P., and Somekh, B., 1993, *Teachers Investigate Their Work*。

陳淑玲，1996，《小女遊學英倫：教育體制外的一扇窗》。台
　　北：天下文化出版公司。

陳淑惠譯，1996，《她只是個孩子》。台北：新禾文化。翻譯
　　自 Hayden, T. L. *One Child*。

陳瓊森、汪益譯，1998，《超越教化的心靈》，台北：遠流出
　　版公司。翻譯自 Gardner, H., *Unschooled Minds*。

曾慧佳，1998，《由流行歌曲看台灣社會》。台北：桂冠圖書

股份有限公司。

游乾桂，民86，《尋找田園小學：創造兒童教育的魅力》。台北：張老師文化。

黃武雄、曹俊彥，民84，《木匠的兒子：奧妙的知識》。台北：民生報。

黃武雄，1997，《台灣教育的重建：面對當前教育的結構性問題》。台北：遠流出版公司。

黑幼龍，1997，《發現溝通契機：卡內基與黑幼龍的雙贏之旅》。台北：龍齡出版公司。

廖鳳瑞，民86，《開放的足跡》。中和市：光佑文化出版公司。

蕭志強譯，劉玉燕審訂，民84，《創造活動與兒童：御茶水女子大學附屬小學主題教學課程》。中和市：光佑文化出版公司。

蕭昭君譯，牟中原審訂，1997，《全是贏家的學校：借鏡美國教改藍圖》。台北：天下文化出版公司。翻譯自Wilson, K. G., and Daviss, B., 1994，*Redesigning Education*。

英文部分

Collinson, Vivienne, 1999, "Redefining Teacher Excellence", *Theory into Practice,* volume 38, no. 1, winter.

Cornell, J. 1989, *Sharing the Joy of Nature：Nature Activities for All*

Ages。Nevada, California: Dawn Publication.

Glatthorn, A. A. edited, 1995, *Content of the Curriculum.* Alexandria, Virginia: Association for Supervision and Curriculum Development.

Loucks-Horsley, S., Kapitan, R., Carlson, M. D., Kuerbis, P. J., Clark, R. C., Melle, G. M., Sachse, T. P., Walton, E., 1990, *Elementary School Science for the '90s.* Alexandria, Virginia: Association for Supervision and Curriculum Development.

網際網路資料：（行動研究相關網站）

http://www.mbnet.mb.ca/~sevenoak/ttt/main.htm/

http://www.bath.ac.uk/~edsajw

http://ireland.iol.ie/~rayo/

永然法律事務所聲明啟事

　　本法律事務所受心理出版社之委任爲常年法律顧問，就其所出版之系列著作物，代表聲明均係受合法權益之保障，他人若未經該出版社之同意，逕以不法行爲侵害著作權者，本所當依法追究，俾維護其權益，特此聲明。

永然法律事務所

李永然律師

教育願景 12

從「心」教學：行動研究與教師專業成長

作　　　者：陳佩正
執行主編：張毓如
總　編　輯：吳道愉
發　行　人：邱維城
出　版　者：心理出版社股份有限公司
社　　　址：台北市和平東路二段 163 號 4 樓
總　　　機：(02) 27069505
傳　　　眞：(02) 23254014
郵　　　撥：19293172
　E-mail　：psychoco@ms15.hinet.net
駐美代表：Lisa Wu
　　Tel　：973 546-5845　　Fax：973 546-7651
法律顧問：李永然
登　記　證：局版北市業字第 1372 號
印　刷　者：翔勝印刷有限公司
初版一刷：2000 年 4 月

定價：新台幣 300 元

ISBN 957-702-370-3

國家圖書館出版品預行編目資料

從「心」教學：行動研究與教師專業成長 / 陳
佩正著. -- 初版. – 臺北市：心理，2000
〔民 89〕
　　面 ； 　公分. -- (教育願景 ; 12)
參考書目：面
ISBN 957-702-370-3(平裝)

1.　教師　　2.　　在職進修

522.4　　　　　　　　　　　　89003127

讀者意見回函卡

No. _____   填寫日期：　年　月　日

感謝您購買本公司出版品。為提升我們的服務品質，請惠填以下資料寄回本社【或傳真(02)2325-4014】提供我們出書、修訂及辦活動之參考。您將不定期收到本公司最新出版及活動訊息。謝謝您！

姓名：_____　　性別：1□男 2□女
職業：1□教師 2□學生 3□上班族 4□家庭主婦 5□自由業 6□其他_____
學歷：1□博士 2□碩士 3□大學 4□專科 5□高中 6□國中 7□國中以下

服務單位：_____ 部門：_____ 職稱：_____

服務地址：_____ 電話：_____ 傳真：_____

住家地址：_____ 電話：_____ 傳真：_____

電子郵件地址：_____

書名：_____

一、您認為本書的優點：（可複選）

　❶□內容 ❷□文筆 ❸□校對 ❹□編排 ❺□封面 ❻□其他_____

二、您認為本書需再加強的地方：（可複選）

　❶□內容 ❷□文筆 ❸□校對 ❹□編排 ❺□封面 ❻□其他_____

三、您購買本書的消息來源：（請單選）

　❶□本公司 ❷□逛書局⇨_____書局 ❸□老師或親友介紹

　❹□書展⇨____書展 ❺□心理心雜誌 ❻□書評 ❼□其他_____

四、您希望我們舉辦何種活動：（可複選）

　❶□作者演講 ❷□研習會 ❸□研討會 ❹□書展 ❺□其他_____

五、您購買本書的原因：（可複選）

　❶□對主題感興趣 ❷□上課教材⇨課程名稱_____

　❸□舉辦活動 ❹□其他_____　　　　　（請翻頁繼續）

 心理出版社 股份有限公司

台北市 106 和平東路二段 163 號 4 樓

TEL:(02)2706-9505
FAX:(02)2325-4014
EMAIL:psychoco@ms15.hinet.net

沿線對折訂好後寄回

六、您希望我們多出版何種類型的書籍

　　❶□心理❷□輔導❸□教育❹□社工❺□測驗❻□其他

七、如果您是老師，是否有撰寫教科書的計劃：□有□無

　　書名/課程：＿＿＿＿＿＿＿＿＿＿＿＿＿＿＿＿＿＿＿

八、您教授/修習的課程：

上學期：＿＿＿＿＿＿＿＿＿＿＿＿＿＿＿＿＿＿＿

下學期：＿＿＿＿＿＿＿＿＿＿＿＿＿＿＿＿＿＿＿

進修班：＿＿＿＿＿＿＿＿＿＿＿＿＿＿＿＿＿＿＿

暑　假：＿＿＿＿＿＿＿＿＿＿＿＿＿＿＿＿＿＿＿

寒　假：＿＿＿＿＿＿＿＿＿＿＿＿＿＿＿＿＿＿＿

學分班：＿＿＿＿＿＿＿＿＿＿＿＿＿＿＿＿＿＿＿

九、您的其他意見

謝謝您的指教！　　　　　　　　　　　　　46012